先秦儒家道德哲学十论

王正 著

世界图书出版公司
北京·广州·上海·西安

图书在版编目（CIP）数据

先秦儒家道德哲学十论 / 王正著 . —北京：世界图书出版有限公司北京分公司，2022.3
ISBN 978-7-5192-8307-0

Ⅰ . ①先… Ⅱ . ①王… Ⅲ . ①儒家－哲学思想－研究 Ⅳ . ① B222.05

中国版本图书馆 CIP 数据核字（2021）第 032853 号

书　　名	先秦儒家道德哲学十论 XIANQIN RUJIA DAODE ZHEXUE SHI LUN
著　　者	王　正
策划编辑	王思惠
责任编辑	王思惠
出版发行	世界图书出版有限公司北京分公司
地　　址	北京市东城区朝内大街 137 号
邮　　编	100010
电　　话	010-64038355（发行）　64033507（总编室）
网　　址	http://www.wpcbj.com.cn
邮　　箱	wpcbjst@vip.163.com
销　　售	新华书店
印　　刷	三河市国英印务有限公司
开　　本	880mm×1230mm　1/32
印　　张	7.5
字　　数	136 千字
版　　次	2022 年 3 月第 1 版
印　　次	2022 年 3 月第 1 次印刷
国际书号	ISBN 978-7-5192-8307-0
定　　价	49.00 元

导　言

　　先秦儒学是儒学发展的第一期，也是儒家思想范式的建立期。因此，研究先秦儒学有助于从整体上来把握儒家思想。而道德哲学是儒家思想中最重要的组成部分，因为儒家追求的目标是内圣外王，即将道德由自身实践推扩到整个世界中去。所以，道德哲学在儒家哲学中是具有基础意义的，因此我们研究先秦儒家的道德哲学具有重要的理论价值。

　　本书对先秦儒家道德哲学中十个极为重要的问题，予以理论分析和思想梳理。这十个问题是：天人之辨、人禽之辨、仁义内外之辨、仁礼之辨、义利之辨、群己之辨、君子小人之辨、义命之辨、王霸之辨和儒法之辨。这十辨虽不能涵盖先秦儒家道德哲学的全部，却是其中十分重要的问题。通过对它们的探讨，我们可以发掘儒家道德哲学的核心价值，思考儒家道德哲学的理论特色，并批评目前学界与社会上有关道德生活的一些成见。

这十个问题看似分散，但实际上草蛇灰线般地构成了先秦儒家道德哲学的一个内在思想系统。

首先，儒家通过天人之辨与人禽之辨，使人和天的关系清晰起来，进而使人从其他生物性的存在中脱离出来，由此挺立起人的道德主体性，将人的本质确定为道德性的存在，这就奠定了儒家道德哲学的根基。

进而先秦儒者通过仁义内外之辨和仁礼之辨，一方面将道德的判断标准——义也纳入人的内在中来，从而将道德的判断收归到内，避免了可能对儒家道德合法性进行的批评；另一方面将仁和礼的关系规定为仁为内在且在先、礼为外在且在后，从而援仁入礼、赋仁予礼，进一步将儒家道德哲学注重内在道德本质的基调予以确定。

之后的义利之辨、群己之辨以及君子小人之辨，则是先秦儒家将崇尚道德的精神贯彻到相关的道德实践和人格养成中去的成果。义利之辨表明儒家既肯定人追求"利"的自发性、必然性，又强调了"义"即正当性优先的原则，并最终追求义与利的统一——义的高度实现即人类社群全体的公利。群己之辨表明儒家更重视群体的价值，但儒家并不忽视个体生命及个体价值，而认为个体价值和群体价值最终是合一的。君子小人之辨则从人格养成上，将胸无大志、目光短浅、只关心实际利益的小人和有德行、不局限于成器、文质彬彬的君子进行了对比，指出了君子人格作为道德人格的目标意义。以上三个问题，使得儒家的道德实践哲学更加丰满。

义命之辨则是对先秦儒家道德哲学的一个超越性提升，同时也是对道德与命运乃至幸福之关系问题的解答，它揭示出道德自由与道德必然性之间的关系，并强调了道德行为中的主体精神。

王霸之辨是儒家内圣外王结构下从道德哲学向政治哲学的过渡，是儒家道德哲学原则在政治哲学中的初步应用。

最后的儒法之辨则是儒家道德哲学在先秦诸子哲学终结时所面临的重要问题，也是我们理解儒家思想特质时不能回避的问题。

因此，本书所探讨的这十辨，既关系着道德的来源，也关系着道德的实践，同时还涉及道德和宗教、道德与政治的关系，其中更关联着道德主体、道德意识、道德判断、道德人格等一系列道德哲学问题。可以说，儒家道德哲学是一个由自我的内在道德主体向外逐渐拓展、逐步完善的道德哲学系统。而我们现在讨论这样一些道德哲学问题，一方面是要从学术上分析儒家道德哲学的特征和系统，另一方面也应当意识到，儒家道德哲学的这些辩论仍具有现代意义。因为现代哲学仍然面临着很多相似的问题，如人禽之辨，经过现代生物学的研究，人和很多生物尤其是黑猩猩的差异是极其小的，那么使人和它们区分开来的到底是什么？生物构成当然还可以考虑，语言符号体系也有一定意义，但是自觉的道德主体意识作为人禽差别之所在可能更能成立。又如，群己之辨对于思考后乌托邦时代的社群和个体关系很有帮助，社群是由个体构成的，不应成为对个体压迫的理由，而个体也要知道自己最大利益的实现和社群的最大利益是一致的，从而不致陷入虚无主义的个体主义中去。再如，王霸之辨这个同时关联着道德哲学和政治哲学的问题，既可以让我们反思殖民主义及后殖民主义的问题，也可以让我们更好地理解现代价值中的民主等观念，从而在特殊性和普遍性中求得文化和制度的更新。

总之，本书乃是对先秦儒家道德哲学的非体系性讨论，其中的不周全之处难以避免，因此还期待学界与社会各界同好批评指正。

第一章

天人之辨

儒家作为先秦诸子中的"显学",在天人之辨方面有着丰富的思考,而且因为他们在一定程度上继承了周人"以德配天"的思想主流,所以儒家思想在当时异彩纷呈的诸子百家中产生的影响更大。为了节省篇幅,我将学习胡适先生的"截断众流",不再探讨殷商和周人的天人关系,而直接从孔子说起,只是在具体论述儒家的天人观时会比较性地提到此前中国哲学史中的天人思考。

张力下的孔子的天人观

孔子的天人观具有很强的思想张力,一方面他"述而不作",在一定程度上继承了周人带有宗教性的天人理解,所以在他的思想中,天仍然具有一定的宗教神性、人格性与主宰性；另一方面，他又对这种天予以了哲学化、理性化的处理，将之由神秘不可知的天变成了超越意义的哲学性的天。[①]而要进行这种由神秘到超越的哲学转化，关键一点就是将天和人内在性地联系在一起，而不再像以前的宗教天人观那样，更多是一种外在性的关联。所以在这一点上，我们可以借鉴现代新儒家"既内在又超越"的理解。孔子说："天生德于予，桓魋其如予何？"（《论语·述而》）孔子并没有按照此前的宗教理解——天对人因着他的所作所为进行赏罚——来认识天人关系，而是认为天将德性内在地赋予了人自身，所以现实中的各种问题便都是对自己内在德性之实现的考验与磨砺。这样，天和人就不再是一种外在的关联了，而是内在地贯通在一起。正是在这个意义上，子贡才能说出"夫子之文章，可得而闻也；夫子之言性与天道，不可得而闻也"（《论语·公冶长》）。这句话一方面表明孔子确实罕言"性与天道"，另一方面也表示孔子是在内在维度上体察性与天道的贯通的，而不是将之作为外在认知性知识的。关于后一点的一个佐证是孔子讲"天何言哉"，即天道的生生不息、大化流行及其与人的关联是需要

---

① 关于中国"轴心时代"天人关系的转变，参见余英时：《论天人之际——中国古代思想起源试探》，台北联经出版事业股份有限公司2014年版，第121—134页。

人以心去感受的，而不是可以谰言天地之理。可见，孔子已经在相当程度上将性与天道内在地连贯起来了，而不再将两者做外在性的关联。也就是说，孔子的天人观是将天和人内在地以德性绾结在一起，由此天的神秘宗教性转化为人的道德实践的超越性和人的现实生存的边界性，人的被动被赏罚性转化为主动的积极践行性。正因如此，当"子见南子，子路不说"时，孔子可以起誓道："予所否者，天厌之！天厌之！"（《论语·雍也》）这里的天看似是宗教性的，但其实它已经变成了以德性为内在内涵的与人贯通的天，所以孔子才能有如此的自信。可以说，虽然在孔子这里还时不时地将天用作宗教之赏罚主体，但他确实在很大程度上完成了将宗教理解的天人关系向理性人文主义的天人关系的转变。因为孔子是这一过程中的人物，所以其思想中前者尚有遗存，而后者具有的哲学意义也呈现出强大的可解释性与可丰富性。子思、孟子乃至荀子，都是在后一种意义上延续着孔子的思路，进一步将天人关系予以理性人文化的处理。

天命人性：思孟学派的天人思考

子思、孟子在孔子"既内在又超越"的思路上继续前行，在这两方面都进一步丰富和深化了儒家思想：他们既在内在的维度上深入到心性的层面，对人心内在的隐微面向予以了前所未有的深入讨论，从而在一定程度上真正创生了儒家的工夫理论；又在超越的维度上进一步提升，将人通过自身所能达到的在终极意义上的最大努力和最高境界予以了呈现，甚至用古代宗教的"神人相格"来比拟天人的合一。可以说，子思、孟子将孔子体悟到的天人"既内在又超越"的关系予以了极大的发展，其中尤其以孟子的贡献为大：一方面，他对子思提纲挈领式的心性探索予以了深入，并正式确立了儒家"人性善"的人性论主流；另一方面，他将儒家通过自身实践所能实现的天人贯通之境界与人格形态予以了丰富展示，从而将儒家通过德性将天人贯通起来而实现天人相参的思想在先秦时期推演至极致。我们接下来分别论述子思和孟子的天人观。

子思及其学派关于天人之辨的思考，主要集中在《中庸》和郭店楚简中。有趣的是，作为子思之师的曾子很少谈论天人关系，在认为与曾子关系较大的《大学》中更是根本不言之。因此我们或许可以认为，曾子确实是有些"鲁"的，所以对于天人之辨未能深刻切入，而子思则要明辨得多，所以在这个问题上有深入思考。另外这一变化也许和当时思想界的发展有关：曾子之时，墨家和道家尚未产生重要影响，所以在天人思想方面还没有对他构成威胁的争辩对手，而在子思之时，墨家和道家都开始兴盛，天人关系在他们的冲击下大有认真思考、重新讨论的必要，所以子思就继承了自己祖父（孔子）的使命，开始重思天人之间的关系。不过现存的各类文献并不宜视为子思自己所作，因为郭店楚简中的几篇和《中庸》之间虽然有关联，但也有差异，所以我们或许可以按照学界的一般认识把这一类文献皆归为子思学派所作。

《性自命出》《五行》等和《中庸》有较密切的联系，它们分享着类似的天人关系：人性来自天命，是天赋予了人以人性，此即《性自命出》所言"性自命出，命自天降"、《中庸》所言"天命之谓性"。这里需要指出的是，因着子思学派对"天命"的使用，儒家的天命观念由此产生了两种不同的意义：一种是命运意义的具有消极性的天命观，另一种是这里的积极赋予人性的天命观；前者偏重于名词意义，后者则是一种动词名词化的用法。在此后先秦儒家对"天命"的认识中，这两种意义都是存在的，尤其是在孟子那里形成了并言积极、消极而两种意义又辅相裁成的天人观念。此为后话，现在让我们还是回到子思学派的思想中来：正因为人性来自天，所以人顺着天所赋予的人性而行便是人道，此即《性自命出》所言"道始于情，情生于性"、《中庸》所言"率性之谓道"。不过在这种相近的天人关系论下，却隐藏着不同的对性的规定，因为《性自命出》是在"无定志"的心和多变的情下来谈性的，所以其性不可以说就确定是善的，而《中庸》则是在"中和"下来谈性的，所以其性已经具有了较强的性善论倾向。

正因为人性乃由天命而来，所以人道当效仿天道，因此郭店楚简和《中庸》皆有对人道、天道各自为何，以及人道如何效法天道的讨论。因为郭店楚简如《礼记》一般，乃是各类文章的汇总，所以只能从中略举一二，以窥测其丰富而又存在差异的天人观念。《五行》篇载：

> 金声，善也；玉振，圣也。善，人道也；德，天道也。唯有德者，然后能金声而玉振之。

《五行》篇对于仁义礼智圣五种德行形于内和形于外的不同意义进行了深入分析，而尤其注重"圣"之为德。因为善只是将仁义礼智四者进行了"和"，这尚属于人道，若能将"圣"与这四德相"和"则便是"德"，也就是天道了。显然，"圣"是与天道贯通的，那么什么是"圣"呢？在《五行》篇看来，"圣"不仅与耳之聪相关，而且与绵延长久相关，因此它是关联着天道的，所以"圣人知天道也"。由此可以说，《五行》篇是通过"圣"来贯通天人的，这是其天人观的独特性，虽然其五行之说后世不传，但是这种强调"圣"在天人关系中的积极性的观念，对《中庸》认为人可以参赞天地化育应有一定影响。

又如郭店楚简《成之闻之》篇指出，"天登大常，以理人伦，制为君臣之义，作为父子之亲，分为夫妇之辨。是故小人乱天常以逆大道，君子治人伦以顺天德"。在这一天人视野中，人伦之道即君臣、父子、夫妇等，并不是人自身刻意制作的，而是人对天道之当然法则的遵循。所以人道乃源于天道，人按照人伦而行就是对天道的效法。可见，在《成之闻之》的作者看来，人伦即是天道。这一思想对《中庸》乃至孟子的思想也颇有影响。

我们再来看《中庸》的思考。《中庸》认为天道是：

> 天地之道，可一言而尽也。其为物不贰，则其生物不测。天地之道，博也厚也，高也明也，悠也久也。今夫天，斯昭昭之多，及其无穷也，日月星辰系焉，万物覆焉。今夫地，一撮土之多，及其广厚，载华岳而不重，振河海而不泄，万物载焉。……《诗》云："维天之命，于穆不已！"盖曰天之所以为天也。

一方面，天地之道是生生不已的，万物都由天道的生化而来，人自然也不例外；另一方面，天道的生生不息便是其德性，所以人道也具有了这种生生不息之德，并且应当在生活中实践。由是，《中庸》将"既内在又超越"的天人关系予以了证成。因此，"诚者，天之道也；诚之者，人之道也。诚者不勉而中，不思而得，从容中道，圣人也。诚之者，择善而固执之者也。博学之，审问之，慎思之，明辨之，笃行之。"天道的生生不息便是它的诚实不妄，而人应效仿这种诚实不妄，即对善进行坚定不移的学习与实践。这里的"诚之"是人的工夫所在，其具体内容便是"博学之，审问之，慎思之，明辨之，笃行之"，如此，"诚之"和"学、问、思、辨、行"之间似乎有一定不同和张力，即道德行动与认知行动的差异。这当是《中庸》作者的思考尚不成熟所致，因此在孟子那里便将"诚之"改为了"思诚"，而使得这段话更加明畅起来。人由着这种不断的工夫而尽自己的人道，则"唯天下至诚，为能尽其性；能尽其性，则能尽人之性；能尽人之性，则能尽物之性；能尽物之性，则可以赞天地之化育；可以赞天地之化育，则可以与天地参矣"，人可以穷尽自己的本性、穷尽他人的本性、穷尽万物的本性（因为万物的本性都是天赋予的），由此便是完全参与到天地生生不息的化育之中了，而穷尽了人之为人的本性与能力，就达到了"与天地参"的积极人生境界。[1]可见，在《中庸》作者看来，天人的贯通不仅是天对人赋予其本性，也是人对天尽自身之职责而襄赞天道的生化。由此天道既内在

[1] 关于《中庸》中的天人关系，参见陈来：《孔子·孟子·荀子——先秦儒学讲稿》，生活·读书·新知三联书店2018年版，第85—86页。

于人性，人性又超越了自身的有限性而达至于天道的超越性，这正是对孔子思路的推衍和完善。

孟子的天人观在孔子、子思的基础上进一步张大格局、分析细密，所谓"十字打开"便是对孟子思想的最好形容。需要指出的是，孟子延续儒家的一贯思路，仍旧在天命的意义下展开对天人关系的思考，而且与子思相似，孟子也认为天命一方面在人的心性上对人进行了积极的赋予，另一方面在终极的极限上对人进行了限制。我们先来谈后一方面处于消极面的天命意义下的天人观。对于这类天命，孟子首先承认其客观存在，而且不仅人有其命运，国家也有其天命，那么面对这种难以从根本上改变的天对人的限制，人应当怎样生活呢？孟子对此有非常丰富的讨论：

惟仁者为能以大事小，是故汤事葛，文王事昆夷；惟智者为能以小事大，故大王事獯鬻，勾践事吴。以大事小者，乐天者也；以小事大者，畏天者也。乐天者保天下，畏天者保其国。（《孟子·梁惠王下》）

对于一个国家来说，大国对待小国应当采取包容的态度，即安定于天所安排的这种既成政治现实，而不要轻易侵略小国；小国对待大国应当采取谨慎的态度，即敬畏于天所形成的这种大小有别的现实，而不要妄图改变它。但是如果一味地迁就现实，则孟子心中理想的政治——统一的王者之业，怎么成就呢？孟子认为，那便是"君子创业垂统，为可继也。若夫成功，则天也。君如彼何哉？强为善而已矣"（《孟子·梁惠王下》）。君子只是努力于自己所应当做的那些善行德政，至于最后的结果如何，并不是君子自身一定要完成和实现的，而要看天命如何。不仅一国的情况要看天命，个人的遭遇更要看天命如何。

乐正子见孟子，曰："克告于君，君为来见也。嬖人有臧仓者沮君，君是以不果来也。"曰："行或使之，止或尼之。行止，非人所能也。吾之不遇鲁侯，天也。臧氏之子焉能使予不遇哉？"（《孟子·梁惠王下》）

孟子在周游列国的过程中，也如孔子一般遇到了诸多困难，而其中常见的情况是小人阻挠，面对这些情况，孟子认为这是天命如此，不是人为就能改变的。因此在孟子看来，在自己能力范围内的才是自己可以控制的，而外在于此的便不是人力所能及的，只能看天命如何了。故而孟子认为，"夫天，未欲平治天下也；如欲平治天下，当今之世，舍我其谁也？吾何为不豫哉！"（《孟子·公孙丑下》）人自身应进行最好的能力准备和道德修养，以等待天命的降临，但如果天命不至，则也应明白这便是自己的命，而不必困扰不已。可见，就这一层意义来说，天对人具有极强的限制性，人的行为不得不遵循天，人也不得不敬畏天。那么，孟子的天命是否等于人格神呢？不是的。

> "然则舜有天下也，孰与之？"曰："天与之。""天与之者，谆谆然命之乎？"曰："否。天不言，以行与事示之而已矣。"（《孟子·万章上》）

天并不是一个视听言动如人的人格神，更不是事事奖惩的墨家意义上的天，而是一个作为终极命运性存在的带有神秘超越性的天。它对人事的决定也并非亲自去下命令或对那个受命的人与国直接言说，而是用实际发生的事情和事情发展的趋势来提示之、警示之。正因如此，人们才需要真正地敬畏天命，否则如墨子那般的天，其实人是可以掌握它的，又何谈敬畏呢？只有如孟子、如儒家这般谈论的终极性的超越之天，才是真正可敬畏的。

然而若在天人关系上仅有此一层意义，孟子便不是儒家了。儒家正是在承认天命存在的前提下，展开了自身思想的丰富性建构，以成就自己真正具有道德价值和人生意义的生活。

孟子在这方面实有十分深刻的论述。

> 夫仁，天之尊爵也，人之安宅也。莫之御而不仁，是不智也。不仁、不智、无礼、无义，人役也。人役而耻为役，由弓人而耻为弓，矢人而耻为矢也。如耻之，莫如为仁。仁者如射，射者正己而后发。发而不中，不怨胜己者，反求诸己而已矣。（《孟子·公孙丑上》）

人自身内在地具有道德价值的意义，这是人在天的禀赋下而具有的独特意义所在。孟子认为，仁是天所尊贵的道德价值，又是人所安处的居所，所以仁实在是天人贯通的关键所在。在这段话中，实际上已经将孟子心性论中最重要的两条思路和盘托出：一是人性善，即人性是仁的，是天所最宝贵的道德价值；二是人之成就自身不在于外在，而在于内在，因此工夫要从内在心性上做起。

在《孟子》中有一段和《中庸》十分相近的话：

> 居下位而不获于上，民不可得而治也。获于上有道：不信于友，弗获于上矣；信于友有道：事亲弗悦，弗信于友矣；悦亲有道：反身不诚，不悦于亲矣；诚身有道：不明乎善，不诚其身矣。是故诚者，天之道也；思诚者，人之道也。至诚

而不动者，未之有也；不诚，未有能动者也。（《孟子·离娄上》）

　　这句话当是孟子自子思及其后学那里继承而来，而又加上了自己的一点修正。就继承而言，孟子肯定诚实不妄便是天的运行法则与德性，而人的诚实不妄的道德修养与道德实践便是天道在人身上的体现；就修正而言，其中关键就在于"思诚"和"诚之"的变化。这一变化非常关键，它将《中庸》那里颇有含混的工夫路径予以了清晰化，而更具有操作性。《中庸》以"诚之"言人道的工夫，由此语则主体的工夫似乎便是"诚"本身，但是根据前后文，则工夫当首先在"不明乎善，不诚其身矣"，这样两者就构成了一个矛盾；孟子则以"思诚"改变了它，"思"便具有了明善的意义，而使工夫有了真正的着落，不再是一个语义的转换而已。而且因着这样一个转换，天人之间的贯通真正得以建立：人通过心的"思诚"便真正认识了天道之诚，继而在生活中时时刻刻皆以诚为之。由此可以说，天人贯通的根本在于心。

　　耳目之官不思，而蔽于物，物交物，则引之而已矣。心之官则思，思则得之，不思则不得也。此天之所与我者，先立乎其大者，则其小者弗能夺也。此为大人而已矣。（《孟

子·告子上》）

耳目这类感官是可能被外物所遮蔽的，因此人的生命并不能以之为主，真正可以为自己之主人的是心——心是天所赋予我的，人若能真正挺立起心的主体性，则其他的外在之物便不能侵夺它，而人能始终是自己的主人。既然心是能成为主人的，则它便不可能是个形式，而必然有其内容，因此孟子认为：

口之于味也，有同耆焉；耳之于声也，有同听焉；目之于色也，有同美焉。至于心，独无所同然乎？心之所同然者何也？谓理也，义也。圣人先得我心之所同然耳。故理义之悦我心，犹刍豢之悦我口。（《孟子·告子上》）

人类的眼耳口鼻等感官都有其具有普遍性的内容，因此人心当然也有其普遍的内容，这个内容不是别的，就是理义，就是人性之善，就是仁及其所涵摄的义、礼、智。由此，在孟子这里，人心和人性融合无间：天道之诚贯注于人便为人性的仁义之善，而它又成为人的主体——心的内容，所以仁便是人的宅所，义便是人的路途。这种心性合一于仁义的心性论，是孟子从孔子、子思那里继承、发展而来的一种心性论，其背景便是天人合一于德的天人观念。

正是在这种心性论下，孟子才能言"尽其心者，知其性也。知其性，则知天矣。存其心，养其性，所以事天也。夭寿不贰，修身以俟之，所以立命也。"（《孟子·尽心上》）因为穷尽"大体"——心的能力，便是在将人性予以充分的实现，所以当然便是"知性"，而因为性由天命而来，所以"知性"自然能"知天"；存养仁义之心当然便是存养善的本性，这也是对"诚实不妄"之天的最好的事奉了；至于终极超越的天命，那不是人的心性工夫所能决定的，因此人只需要尽力于自身的道德修养与实践，便是安立于天命之下了。可见，正是在积极和消极两面的天人关系论下，孟子思想中几乎所有重要观念都得到了恰当的安排，所以可以说，孟子的天人之辨实际上主导了他的道德哲学。

以分合之：荀子天人观的创造性

与子思、孟子的思路不同，荀子在另外一条路径上来探讨天人关系，即将天人相分离：天属于自然世界，人属于价值世界；天与人之间不是感应互动的关系，而是各自有各自的领域和功能；天是自然而然地通过云行雨施等来实现自然世界的运行，人是运用自己的认知理性和人文努力来完成自身能力的实现和对世界的良好建设。当然，荀子并没有否认天人相参这样一个最终儒家式的结论，只不过他认为真正意义上的天人相参是天和人各尽其责、各成其能。也就是说，荀子虽然不认可"既内在又超越"的思路，但是他认为天人之间的相分乃是为了最终的相参，因此在他的思路中，更大程度彰显了天人关系中人的独立意义与人文世界之价值。一方面，荀子借鉴了黄老之学中以自然论天的思路，但又剔除了其中自然的"自然无为"之意，而对它加以更加客观化的认识；另一方面，荀子将天人予以划分，认为人和天各自代表不同的领域，人通过自身的认知理性和实践努力，积极运用天所赋予人的各种能力和各类资源，将人文世界建设得井然有序，便是实现天人合一了。在这样一种思路下，荀子的天人观便和子思、孟子有了巨大差别。

在荀子的思想脉络中，"类"是一个关键概念，即人要想穷究明白天地万物的道理，首先需要知类：万物都是依类而分的，若混淆了万物之类，则之后的认识与实践必然是错误的；只有奠基于正确的类意识之上，人对万物的认识与参与行为才可能正确。因此在荀子看来，知类是人的生活与实践的前提和关键所在。

以类行杂，以一行万。始则终，终则始，若环之无端也，舍是而天下以衰矣。天地者，生之始也；礼义者，治之始也；君子者，礼义之始也；为之，贯之，积重之，致好之者，君子之始也。故天地生君子，君子理天地；君子者，天地之参也，万物之摠也，民之父母也。无君子，则天地不理，礼义无统，上无君师，下无父子、夫妇，是之谓至乱。君臣、父子、兄弟、夫妇，始则终，终则始，与天地同理，与万世同久，夫是之谓大本。（《荀子·王制》）

通过类，人可以认识和处理复杂纷繁的事物，那么世间万有到底有几类呢？荀子认为，大体说来可以有两类：天地和君子，也就是天和人。天地是一切生命的根本，所以人也是天地所生的；但人也是天地间独具特质的一类存在，是人将无价值的世界赋予了价值，于是乃有了自然世界与人文世界的差别，也正因着人的这种赋予价值和建构秩序的能力与作用，人可以与天地相参而成为与天地并重的存在者，而不像其他动物、植物那样仅仅是天地的衍生者而并不具备自身的独特价值。因此，荀子的天人之辨就在这样一种类意识下展开了：

水火有气而无生，草木有生而无知，禽兽有知而无义，人有气、有生、有知，亦且有义，故最为天下贵也。力不若牛，走不若马，而牛马为用，何也？曰：人能群，彼不能群也。人何以能群？曰：分。分何以能行？曰：义。故义以分则和，和则一，一则多力，多力则强，强则胜物，故宫室可得而居也。故序四时，裁万物，兼利天下，无它故焉，得之分义也。（《荀子·王制》）

人是兼具生物之气、自然生命、感性认知和道德理性的存在者，所以人是天地间最为宝贵的存在，因此人可以通过自身的理性能力和道德力量来起到其他生物起不到的作用：辅助天地来使世界更加条理化、秩序化，使得万物的生存都更加合理化、持续化。人也正是由此获得了自身在天地间的独特价值和存在意义。然而，这种辅助是否意味着人能替代天地呢？显然不是。荀子认为，天和人事实上各自处在不同的领域中：天属于自然世界，人属于人文世界，人辅助天只是人通过裁成人文世界而尽了天所赋予自己的能力而已，并不是要替代天来"管理"一切。

所以在荀子这里，天人之间的相分和天人各有其职责是其思想的关键性因素，其道德哲学的很多内容都是奠定于这一基础上的。

天行有常，不为尧存，不为桀亡。应之以治则吉，应之以乱则凶。强本而节用，则天不能贫；养备而动时，则天不能病；修道而不贰，则天不能祸。故水旱不能使之饥，寒暑不能使之疾，祅怪不能使之凶。本荒而用侈，则天不能使之富；养略而动罕，则天不能使之全；倍道而妄行，则天不能使之吉。故水旱未至而饥，寒暑未薄而疾，祅怪未至而凶。受时与治世同，而殃祸与治世异，不可以怨天，其道然也。故明于天人之分，则可谓至人矣。（《荀子·天论》）

天道就是自然而然的风雨雷电、水火寒暑，它们本就是按照自身的规律运行，并不对人间的政治运行、道德实践产生影响；所以人对于天也应采取同样的态度，即自然而然地做人该做的事情，而对天发生的各类事情视之为自然而已，不将之神秘化、感应化。

不为而成，不求而得，夫是之谓天职。如是者，虽深，其人不加虑焉；虽大，不加能焉；虽精，不加察焉，夫是之谓不与天争职。天有其时，地有其财，人有其治，夫是之谓能参。舍其所以参，而愿其所参，则惑矣。（《荀子·天论》）

也就是说，天人各自有各自的职分，天的职分是各种自然现象的自然发生运行，人的职分则是将人的人文世界治理得井然有序。人如果妄图从天的运行中探求对人事的隐微意义，便是迷惑于天人关系的表现了。所以"皆知其所以成，莫知其无形，夫是之谓天功。唯圣人为不求知天"，天人本是相分的，因此人不应当妄求天意。

但是，在我们的论述中有一个问题始终是隐隐存在的：人毕竟是天地所生的，人毕竟是活在天地之间的，所以天地的自然现象始终还是会影响人，而人的人文世界也似乎还是笼罩在天地的自然世界之中，纯粹的分开是不可能的。那么，人不知天可以持续地生存下去吗？人可能摆脱天的影响吗？人文世界可能真正独立吗？对于这些问题，荀子其实是有思考和解答的。

天职既立，天功既成，形具而神生，好恶喜怒哀乐臧焉，夫是之谓天情。耳目鼻口形能各有接而不相能也，夫是之谓天官。心居中虚，以治五官，夫是之谓天君。财非其类以养其类，夫是之谓天养。顺其类者谓之福，逆其类者谓之祸，夫是之谓天政。暗其天君，乱其天官，弃其天养，逆其天政，背其天情，以丧天功，夫是之谓大凶。圣人清其天君，正其天官，备其天养，顺其天政，养其天情，以全其天功。如是，则知其所为，知其所不为矣；则天地官而万物役矣。其行曲治，其养曲适，其生不伤，夫是之谓知天。（《荀子·天论》）

在这段论述中，荀子讲到了知天的问题，只不过荀子的知天和其他先秦哲学家尤其是子思、孟子的知天大为不同。天地自然而然地产生了人，让人具有了形体和心灵，这就是"天职"和"天功"；而人因着形体和心灵所具有的感情是"天情"，具有感性认知能力的诸感官是"天官"，具有理性认识能力并统摄感性认知的心灵是"天君"，天地之间与人不相同而又能滋养人之生存的万物是"天养"，人顺着自身的类功能和类要求而秩序化生存就是"天政"。可见，荀子深知人是离不开天的，人的一切其实都是与天紧密联系在一起的，所以人当然要知天，否则生存将难以继续，且必然导致"大凶"的结果。但是荀子的知天不是像子思、孟子那样，把天作为终极的超越性存在而使其具有了一定神秘性因素，也不是像墨子那样把天人格化、主宰化而变为宗教性的天帝，更不是像庄子那样，把天的自然无为同人的自然无为混一而导致人文世界价值的消解，荀子是要由天自然而然的运行导出在人文世界中，人依天而行才有了人文价值的意义。对于荀子这种意义的知天，我们可以借助荀子对地的认识来理解——"财非其类以养其类，夫是之谓天养"。"地有其财"本是地的独特之类意义所在，按说是不应当和人发生关系的，但因为人是天地所生的，所以人又要依凭着地的产出来生存，也就是说，人可以主动转化非其类的地而滋养自身。在人的这一积极主动的过程中，属于自然世界的地的一部分内容便被转化为人文世界的内容了，而在荀子看来，这一过程就是"天养"，即它并不是违背天道之自然而然的，更不是违背世界的类之存在方式的，而正是一种积极人文意义的演成与建立。显然在荀子这里，天和人的关系不仅是相分的，更是可以通过人的积极作用而绾结在一起的。[①]所以荀子说：

> 大天而思之，孰与物畜而制之！从天而颂之，孰与制天命而用之！望时而待之，孰与应时而使之！因物而多之，孰与骋能而化之！思物而物之，孰与理物而勿失之也！愿于物之所以生，孰与有物之所以成！故错人而思天，则失万物之情。（《荀子·天论》）

人应当积极运用自身的能力来对自然世界产生影响，从而促进自身人文世界的发展，否则便是不知天。也就是说，人的能力是天赋予的，所以它也是一种天，那么人只要依着这种天

[①] 正是在这个意义上，蔡仁厚将荀子的思想总结为"理智的人文主义之精神"。蔡仁厚关于荀子天人观的分析，参见：《孔孟荀哲学》，台北学生书局1985年版，第369—386页。

而行动，就不是违背天的。换句话说，自然世界和人文世界是既有边界又可以互动的，这种张力的来源就在于人本身。所以荀子认为，人的价值就在于积极主动运用自身的能力来建设我们的有意义、有秩序的人文世界。而在这个过程中，人可以把自然世界的部分内容涵摄进来，这并不是违背天道自然的，而恰恰是自然的。由此，荀子最终在另外一个意义上达成了他的天人合一理论。

可见，尽管孔子、子思、孟子、荀子的天人关系论有同有异，尤其孟子和荀子对"天"的理解迥然不同，但是人不违天、人能合天，仍是贯穿其中的一条思路。同时，儒家又始终未以天压倒人、吞没人，因此他们一直强调人在世界上的独特价值。这样一种思路，使得儒家在他们的天人关系认识下又形成了人禽之辨理论。

第二章

人禽之辨

人禽之辨在先秦儒家思想中是一个非常重要的道德哲学问题，孔子、孟子、荀子等都对这一问题有深刻的思考和探讨。而对比儒家对这一问题的重视，先秦其他诸子的重视程度明显不同。那么，是什么原因导致了儒家和其他诸子对人禽之辨的不同态度？同时在儒家内部，孔子、孟子、荀子等对人禽之辨的切入点和具体理解也有所不同，进而形成的道德哲学也颇有差异。那么，又应当如何理解儒家内部的这些不同？本章试图以这样两个问题作为导引，切入先秦儒家的人禽之辨，探讨其中的道德哲学内涵，并勾勒出儒家道德哲学的一些特征。

孔子及孔门弟子：人当知所当止之处

　　人禽之辨在孔子这里尚非核心问题，不过他已经开始有了一些非常重要的讨论。孔子曾说："鸟兽不可与同群，吾非斯人之徒与而谁与？"（《论语·微子》）孔子在这里虽然感叹的是同道的难得，但同时也透露出了人禽之辨的意味，甚至可以说，这一论述为人禽之辨奠定了初步的基础。皇侃《义疏》引江熙语云："理有大伦，吾所不获已也。若欲洁其身，韬其踪，同群鸟兽，不可与斯民，则所以居大伦者废矣。"这里的解释很大程度上是接受了《论语·微子》下一节中子路对隐者的一段评论："长幼之节，不可废也；君臣之义，如之何其废之？欲洁其身，而乱大伦。"对于子路来说，隐者那种不与人同群的行为是丧失或混乱了人伦之道的，因而是不正当的。应当说，孔子对子路的这个评价是接受的，即在孔子看来，人之所以不能离开他人和鸟兽同群的原因，就在于人根本无法逃离于人伦之外。换句话说，孔子事实上已经认识到，人和禽兽的差别就在于人是以人伦生活为根本规定的人文性或社会化的存在，而禽兽则没有这个规定性，它们仅仅是自然的生物性的存在。而"作为文明时代的主体，人不能倒退到自然状态，而只能在人化的基础上，彼此结成一种社会的联系"①。因此，人就应当按照人伦规定来生活，任何试图逃离人伦之外离群索居的想法和做法从根本上就是有问题的。

---

① 杨国荣：《善的历程》，华东师范大学出版社2009年版，第14页。

孔子这一想法为孔门弟子所继承。《大学》云：

> 《诗》云："绵蛮黄鸟，止于丘隅。"子曰："于止，知其所止，可以人而不如鸟乎？"《诗》云："穆穆文王，于缉熙敬止！"为人君，止于仁；为人臣，止于敬；为人子，止于孝；为人父，止于慈；与国人交，止于信。

朱子认为，儒家的君臣、父子等五条人伦道德乃"人当知所当止之处"的"其目之大者"，也就是说，人伦之道是人应当达到而不可改易的当然理则。有趣的是，《大学》作者将此与孔子论"可以人而不如鸟乎？"合在一起，显然是认为鸟尚且知道自己该居处在哪里，人如果做不到符合人伦之行，就还不如鸟。虽然这句话不是紧扣着人禽之辨讲的，但可以看到，《大学》作者认为就如鸟当知自己该居处何地一样，人同样当知自己该居处何地，也即人应当知道自己之所以为人的根据是什么。显然，《大学》作者将人伦道德视为人之所以为人的根据，因而"三纲领""八条目"在很大程度上都是围绕着"成人"这个话题进行的，这也就是《大学》之所以为"大人之学""成德之教"的缘故。

孟子：人之异于禽兽者几希

孟子特别重视人禽之辨，在他看来，人禽之辨是确立人的道德主体性和道德普遍性的基础。孟子指出："人之异于禽兽者几希，庶民去之，君子存之。"（《孟子·离娄下》）孟子首先肯定了人和禽兽在很大程度上都是相同的，也就是说人无法回避自己的动物性存在，人在反思自己的生存时不能丢掉动物性这一存在维度；而正是由这一维度出发，我们可以进一步发现人之所以为人的独特性所在，那就是人伦之善。"按照孟子对人性的界定，人的'食色'等生理感性欲望虽然也是人生来就有的，但'君子不谓性'，因为这不是人所以区别于禽兽的特殊属性。"[①]孟子认为，"饱食、暖衣、逸居而无教，则近于禽兽"，人若仅仅追求不挨冻、不挨饿的生理性的温饱生活，则实际上和动物没有差别，因此这些也就不能算是人之所以为人的人性；而真正使人类与动物区分开来的是"人伦"，"圣人有忧之，使契为司徒，教以人伦：父子有亲，君臣有义，夫妇有别，长幼有序，朋友有信"（《孟子·滕文公上》）。人伦才是人之所以为人的根本特性，是使人与禽兽区

---

① 李存山：《中国传统哲学纲要》，中国社会科学出版社2008年版，第157页。

分开来的根本，是人在动物性存在之外的另一层本真性存在。当然，人之所以会有人伦道德，是在于人是具有"四端之心"的存在。孟子认为"仁义礼智，非由外铄我也，我固有之也"（《孟子·告子上》），恻隐之心、羞恶之心、恭敬之心、是非之心，这四端是人的"良知良能"，而它们的发用，就形成了人伦道德。

孟子的人禽之辨，在很大程度上是为了通过"类"观念来论证道德的普遍性而提出的。他曾指出不知类的危害：

> 今有无名之指屈而不信，非疾痛害事也，如有能信之者，则不远秦、楚之路，为指之不若人也。指不若人，则知恶之；心不若人，则不知恶，此之谓不知类也。（《孟子·告子上》）

身体上有疾患，不能像他人那样正常生活，人们就会厌恶自己的不足，进而苦苦寻求方法以使自己变得正常起来，而当人们的心理有问题、心术不正的时候，却常常不能厌恶自己这方面的不足以寻求改变。这表明，人们在认识上混淆了自己归属的类别，即未能把心灵上的不正常归于不正常，进而无法认识到什么是正常。因此，孟子认为人必须知类，而知类中最重要也最关键的一点就是人禽之辨，通过人禽之辨人可以发现

"善性良知是天赋予人的，是先于经验的，是人区别于他物的类特性、类本质，在人之类的范围内是具有普遍性的"①。可见，孟子通过"类"的论证，逻辑地将道德注入到了人性之中，从而真正对旧有的"天生人成"人性论进行了突破，使得性善在人性中得以扎根。

但普通人却常因为不知类而不能认识到这一点，结果无法使自己真真正正符合一个"人"的要求，他只能一会儿是人的行为，一会儿是禽兽的行为。而一个彻底堕落到禽兽层面的人，因为丧失了人伦的观念，所以首先无法与人为善，他待人"以横逆"，即使对方自反自新，而"横逆由是也"（《孟子·离娄下》）；不仅如此，他的处世原则很大程度上近似于霍布斯的"人与人是狼"的"丛林法则"。《孟子》中曾批评这样的统治者是"庖有肥肉，厩有肥马，民有饥色，野有饿莩，此率兽而食人也"（《孟子·滕文公下》），正因为没有人伦观念，所以这样堕落到禽兽性存在层面的人根本没有同情心，他有的只是对欲望满足的无限追求，因而他只会伤害、侵犯他人。

正因为孟子认识到人和禽兽的差别很少，人很有可能堕落到禽兽的层面上去，所以他特别重视工夫论。因为人如果没有

①　郭齐勇：《中国儒学之精神》，复旦大学出版社2009年版，第197页。

工夫对自身进行修养作用的话，将无法保证自己始终存在于人的层次上。"君子所以异于人者，以其存心也。君子以仁存心，以礼存心。"（《孟子·离娄下》）在孟子的人性论中，人禽的区别就在于人性是善的，也就是说仁义礼智不是外在的，而是内在的。因而人只要能时时刻刻把仁和礼存在心中，就能使自己远离禽兽性的存在。因为仁是人伦的内在道德本性基础和道德情感来源，礼是人伦的外在道德体现和具体道德规范，对此二者的操存，意味着人时时刻刻将人伦存在心中，也即面对事事物物时都按照人伦的标准去做，这样人就能始终是超越了动物性的符合人性的存在。

正因为人禽之辨在孟子的道德哲学中具有基础性的意义，所以孟子以人伦来批评杨朱和墨子："杨氏为我，是无君也；墨氏兼爱，是无父也。无父无君，是禽兽也。"（《孟子·滕文公下》）这样一个严厉的批评，表明孟子的确以人伦，也即有无道德作为人和禽兽的判别标准：人若能依人伦进行思维和生存便是人，人若背离了人伦的思维和生存便不是人了。

荀子：人而无礼，不亦禽兽？

由上所述，孟子的人禽之辨是从人伦的角度进行的，且孟子的人伦更多指向内在仁义道德的维度。而在儒家的另外一派那里，则更注重从礼的维度来区分人与禽兽。"鹦鹉能言，不离飞鸟；猩猩能言，不离禽兽。今人而无礼，虽能言，不亦禽兽之心乎？"（《礼记·曲礼上》）西方道德哲学经过语言哲学的转向和发展后，将人和动物的差别很大程度上放在语言能力和符号思维上，认为动物欠缺语言组织能力和概念构造能力，而这两种能力是人所独具的。但在《礼记·曲礼上》的作者看来，禽兽并不欠缺语言能力和符号思维，或许它们在这两方面的能力没有人类那么强，但也绝非没有；所以人和禽兽的根本差异不在于语言，而在禽兽无礼而人有礼。这里的礼，侧重的是礼所体现的"分义"。"男女有别，然后父子亲；父子亲然后义生；义生然后礼作；礼作然后万物安。无别无义，禽兽之道也。"（《礼记·郊特牲》）《礼记》作者认为礼的根本含义在于其中的区别、差异意义，而这种意义建立的根本在于男女有别。我们知道，根据民俗学和人类学的考察，人类在母系社会时期是走婚制，在那时候，人们只知有母、不知有父，因而会发生很多在现在看来是乱伦的事情，这种习俗在后来的一些少数民族部落中仍有残留。而《礼记》批评这种代际间的乱伦行为，认为这是堕落为禽兽的行为："夫唯禽兽无礼，故父子聚麀。是故圣人作，为礼以教人。"（《礼记·曲礼上》）

荀子继承了儒学中礼学派的这一论述，并且有一套更全面的考量。

> 水火有气而无生，草木有生而无知，禽兽有知而无义，人有气、有生、有知、亦且有义，故最为天下贵也。（《荀子·王制》）

荀子广泛考察了各种存在物，指出动物也是有知的，即人和禽兽的差别不在认知能力上。荀子认为人与禽兽的根本差异在于人有义，这个义，就是分，而分能使人产生不同于禽兽的社会组织性。

> 人何以能群？曰：分。分何以能行？曰：义。故义以分则和，和则一，一则多力，多力则强，强则胜物，故宫室可得而居也。故序四时，裁万物，兼利天下，无它故焉，得之分义也。（《荀子·王制》）

这里的分，等同于《礼记》所说的别，即人具有万物有分别的类观念和对万物进行分类的区别能力。显然，荀子将这种分别的能力作为人和禽兽的根本差异。而这种分别的能力，正是超越了母系社会的伦常不分，才有了对父子、男女具有清晰分别的一种意识。"夫禽兽有父子而无父子之亲，有牝牡而无男女之别。故人道莫不有辨。"（《荀子·非相》）因此这种分的意识不仅是一种人的类判断，更是一种对人的具体伦理角色的清晰意识，同时也是对具有社会组织性的人的认识。

可见，对于荀子来说，"人之所以为人者，非特以其二足而无毛也，以其有辨也。"（《荀子·非相》）既然人之所以为人的特性不在于其自然的生物性，而在于其人伦道德的社会组织性，所以人的生存就应当以这种社会组织性的人伦为根本。因此荀子虽然持"本始材朴"的人性论，但正如徐复观先生分析的，荀子的人性论可以分解为几类内容："第一类，饥而欲食等，指的是官能的欲望。第二类，目辨黑白美恶等，指的是官能的能力。第三类，可以为尧禹等，指的是性的可塑造性。"[1]而在荀子这里，正是要用第二类的人的本能来改造第一类的人的自然生物本性，从而实现第三类的人之所以为人的本性。因此，荀子认为人具有独特的分别能力——心知与辨、分，故而人的认识能力在万有中是最强的，即人具有无限的学习能力。那么人应当如何运用这一能力，或者说人应当如何学呢？

---

[1]　徐复观：《中国人性论史》，华东师范大学出版社2005年版，第140页。

学恶乎始？恶乎终？曰：其数则始乎诵经，终乎读礼；其义则始乎为士，终乎为圣人。……为之人也，舍之禽兽也。故书者，政事之纪也；诗者，中声之所止也；礼者，法之大分，群类之纲纪也。故学至乎礼而止矣，夫是之谓道德之极。（《荀子·劝学》）

人应当利用自己最为独特而强大的分别性的学习能力来进行学习，而学习的主要内容就是人伦，也就是礼——礼是人群差异的大纲大纪，通过学礼和实践礼可以渐渐达到人伦的极致而成为圣人，因为圣人是"尽伦者也"（《荀子·解蔽》）。

应当说，无论是孟子还是荀子，他们的人禽之辨都是从人伦这一点展开的，只不过孟子更注重人伦中所体现的内在于人心灵的道德意识和价值判断，而荀子更看重人伦中所体现的人的分别意识和礼的规范。但是这种差异是在对人伦予以肯定下的具体差别，实际上，孟子也对人伦中的角色伦理之分别有清醒意识，所以他有五伦的划分；而荀子也对人伦中的道德意识有所认知，如他曾指出恶人是欠缺道德意识的，即"心如虎狼，行如禽兽"（《荀子·修身》）。因此我们可以说，一个全面的人伦概念应当是综合了道德意识和分别意识的，也即人伦是由仁和礼共同形成的。而先秦儒家通过将人伦作为人禽之辨的本质差异，首先指出了人之所以为人的根本。这种确定，既发现了人作为一个不同于禽兽的特殊之类的独特意义和价值，从而凸显了人的高贵性和自主性；同时又为所有人类都确定了一个不可逃避的道德普遍性责任，即只要你还自认为自己是人，你就应当按照人伦去行，否则你就不再是个人了。可以说，人禽之辨帮助儒家完成了从实然领域到应然领域的过渡，为儒家道德哲学奠定了理论基础。其次，先秦儒家虽重视人禽之辨，却并没有将人和禽兽彻底断绝开来，儒家在进行人禽之辨时，清醒地意识到人与禽兽的差异是非常小的。人不仅是道德的、理性的存在，也同禽兽一样，是感性的、肉体的存在，这就决定了人会有认知的错误、肉体的欲望，而这两者都可能将人导向于作恶。所以先秦儒家便构造了一系列切实可行的修养方法和工夫理论，以求让人能改正认知错误、形成正确认知，合理肉体欲望、去除不当情欲。最后，儒家以人伦作为人禽之辨的根本，这样的一个区别性认识表明儒家始终将人置于社会组织当中。因此，有学者论证儒家的道德哲学近似于西方的社群主义。的确，儒家讲道德并不脱离人伦来讲，无论是五伦还是礼都是在社会、社群之中。但是，儒家又绝不忽视个体的道德独立性，无论是对工夫论的高度重视，还是对个体在社会中道德实践之困难的清醒意识，都表明儒家的道德哲学力图在个人和社会之间取得一种平衡，它既不是原子主义的个人观，又不是偏重公共善的社群主义，它是在"兼济"和"独善"之间求得中庸的道德哲学。正如杜维明先生指出的："在儒家的事物的理序中，一个活生生的活着的个我，远比仅作为短暂存在的生物体要复杂得多和有意义得多。……人的结构中，本来就有无限的生长潜能和取之不竭的发展资源。"①的确，儒家通过人禽之辨建立的道德哲学以及人的观念，具有十分丰富的思想资源，对当代乃至未来道德哲学的发展具有重要的意义。

"唯儒家"：道德哲学的构建

以上所述均显示出先秦儒家对人禽之辨的特殊重视，因为由人禽之辨的证成，可以进一步推导出道德的普遍性和儒家修养工夫的必要性，可见，它是儒家构建其道德哲学的重要基础。而作为儒家论辩对象的诸子，则对人禽之辨有不同的意见。

道家因为从根本上提倡自然主义并否定人伦道德，所以他们基本是反对人禽之辨的。《庄子》中讲道："夫至德之世，

----

① 杜维明：《杜维明文集》（第三卷），武汉出版社2002年版，第248页。

同与禽兽居，族与万物并，恶乎知君子小人哉！同乎无知，其德不离；同乎无欲，是谓素朴；素朴而民性得矣。"（《庄子·马蹄》）在《庄子》看来，真正的道德是"真"而"天"的自然无为，是纯任自然的，人不应有一丝一毫的机巧心思、认识智慧、价值判断，也就是说，人和禽兽不应当有所区别。因为如果进行人禽之辨，就意味着要进行理性分别和价值判断，而这便会割裂这个自然而然的世界，所以道家哲学反对人禽之辨，要求人们从这种分别中解脱出来、解放自己。"牛马四足，是谓天；穿马首，络牛鼻，是谓人。故曰：无以人灭天，无以故灭命，无以得殉名。谨守而勿失，是谓反其真。"（《庄子·秋水》）人道绝不应当违背自然，而是应当去除刻意、消除欲望、返归自然，也就是复归到人与禽兽都是自然而然的浑融状态中去，在那个状态中，人、天都混沌无别，更何况人禽之辨了。显然，消除人禽之辨是道家非人伦道德的自然主义的基本倾向。由此，我们可以反过来看到人禽之辨对儒家构建道德哲学的重要意义：如果不能确认人与禽兽的根本差异，人的道德独特性就无法证明，进而人类世界的道德普遍性也就无从谈起了。

而由儒家分裂出去的墨子，显然对儒家好谈人禽之辨有一定心得，他了解人禽之辨对构建道德哲学的重要意义，所以他也曾对人禽之辨有过论述。但墨家的论点与儒家的道德性的人禽之辨完全不同，他们从其他角度予以了切入：

> 今人固与禽兽、麋鹿、飞鸟、贞虫异者也。今之禽兽、麋鹿、飞鸟、贞虫，因其羽毛，以为衣裘；因其蹄蚤，以为绔屦；因其水草，以为饮食。故唯使雄不耕稼树艺，雌亦不纺绩织纴，衣食之财，固已具矣。今人与此异者也，赖其力者生，不赖其力者不生。君子不强听治，即刑政乱；贱人不强从事，即财用不足。（《墨子·非乐上》）

墨子也认为人禽之间有重要的差异，即禽兽依凭着它们自身的先天自然条件就可以生存，所以它们不需要再刻意地努力；人则不然，人若只凭借着自身的自然条件是无法生存的，因此人需要"力"，也就是努力、勉强。所以在墨子看来，人禽之辨的根本在于人必须付出极大的后天努力才可以生存和发展。因此他的道德哲学乃至政治哲学就是消除一切有害于人后天努力的因素，而构建起一个最有利于人努力的社会。经由墨子我们可以发现，即使认可人禽之辨，但是如果立论的角度不同，最后产生的结果也是差异极大的。

由道家和墨家对人禽之辨的不同态度，我们可以了解人禽之辨的确对儒家构建其道德哲学具有重要的基础性意义；而由墨家和儒家的不同人禽之辨，我们更可以了解到，不同的理解可以导致不同的道德哲学，而儒家道德哲学的独特性也由此可以发现。

总之，先秦儒家之所以重视人禽之辨，就在于它能勾勒出人之所以为人的本质，这一方面是儒家构建其道德哲学中道德普遍性的理论需要，另一方面也是儒家确立人的道德自主性的理论必然。正如明代儒者陈献章在《禽兽说》中所写："人具七尺之躯，除了此心此理，便无可贵，浑是一包浓血裹一大块骨头。饥能食，渴能饮，能着衣服，能行淫欲。贫贱而思富贵，富贵而贪权势，忿而争，忧而悲，穷则滥，乐则淫。凡百所为，一信气血，老死而后已，则命之曰'禽兽'可也。"儒家对人禽之辨始终有一个清醒的认识，就是人和禽兽的差异非常小：就一个人来说，他本身有非常多的禽兽因素，比如肉体、欲望乃至于一切基本的生存需求，这是不可回避的，而如果人不能对这些自然的生物属性进行超越，那么人就和禽兽没有任何差异。然而，人毕竟又是与禽兽不同的，人有其独特性所在，这就是人的人伦道德性和社会组织性。西方社群主义的代表麦金太尔曾批评西方道德哲学"没有承认或者拒绝充分承认我们的存在有一个肉体的维度的观念"，而且将人和动物的区别单纯放在理性的维度上，"即我们的理性作为思考的存在物在某种意义上独立于我们的动物性"。由此，西方道德哲学"就忘记了肉体"，"忘记了我们的思考乃是一种动物物种的思考"，于是无法对人的依赖性、脆弱性和苦难、残疾予以正视。就此，麦金太尔重新对人进行了定义，他将人界定为"依赖性的理性动物"，进而认为要讨论作为这样一种存在的人的德性，就必须要将"我们的依赖性、理性和动物性置于相互关系之中来理解"。[①]借助麦金太尔的论说，我们可以更加清晰地发现，先秦儒家的人禽之辨既突出了人的仁、礼、义的道德独特性，又不忽视人自身难以逃避的动物性的欲、情、身，这表明儒家的道德哲学既没有身心二分、遗忘肉体的弊病，又将人置于个人与社会之间，正视人的独特性和依赖性的关系。因而，从儒家的角度重新思考道德哲学，或许是未来一条更为可行的道德哲学发展之路。

---

① 麦金太尔：《依赖性的理性动物》，刘玮译，译林出版社2013年版，第6—12页。

第三章

仁义内外之辨

先秦儒家道德哲学通过人禽之辨将人类的类归属明确确立为具有道德性的存在，而接下来儒家需要处理的问题是：道德作为人生准则，它的来源为何？道德在实践发用中的基础何在？在先秦儒家，这些问题主要是通过仁义内外之辨来表达的，因此本章即讨论先秦儒家的仁义内外之辨。

何谓仁义内外之辨

我们首先需要明确所谓仁义内外之辨的问题所在。在孔子之后的先秦思想界，围绕着仁、义到底是内在的还是外在的发生了一系列争论。总结这些争论，我们发现它们基本表现为两种形式：仁内义外、仁义内在。其中告子和部分稷下学者以及一部分孔门后学持仁内义外说，而孟子则坚定地持仁义内在说，墨家虽然在人性论上与孟子的性善论相异，但实际上持一种特殊语境下的仁义内在说，荀子则更多认为义是外在的。显然，诸家所认同的是仁是内在的，而争论的焦点在于义到底是内在的还是外在的。

为了更清楚地解析这一争论，我们有必要先来简单梳理下仁、义这两个观念，以便更好地理解为什么仁之内在有共识而义之内在还是外在产生分歧。

所谓仁，是被先秦各家广泛接受的一个道德观念，其中儒家以之为最高之德和德之总名，而墨家、道家、稷下学派等也都在一定程度上认同它。之所以如此，在于仁的基本含义是"爱人"（《论语·颜渊》），"仁也者，仁乎其类者也"（《吕氏春秋·爱类》）。仁最初源自家庭血缘的亲人之间的相爱，如《国语》所载"爱亲之谓仁"。它进而被推扩出非常丰富的含义：人与人之间的同类相爱，人自身之身与心的和谐。总之，它被普遍界定为一种描述人自身内部和谐和人类之间亲和的德行。显然，这样一种对仁的理解是任何人都难以完全反对的，如墨家即将兼爱等同于仁，认为"兼即仁也"（《墨子·兼爱下》），从而认同仁的道德意义；而即使是后期对儒家采取决裂态度的道家，在他们那里仁也是仅次于大道的道德，比其他德目还要重要和高级得多。而在儒家自身这里，仁更是具有核心的地位，子思一系认为"仁者，人也"

（《中庸》），孟子更认为"仁，人心也"（《孟子·告子上》），显然，在思孟学派这里，仁既是人的根本属性，也是对人心的重要描述，所以仁和人实际上就是同义反复。

义的含义则与仁非常不同。在孔子之时，义只是众德之一，并不能与仁相比，所以在孔子那里仁义尚不并称，仁义并称是墨子之后新兴的概念用法和思想传统。其所以如此，就在于义最初的出现并不是一个像仁那样具有内在价值的观念。"义者，宜也"（《中庸》），这是对义的重要解释，它表示的是适宜、符合的意思，而且在很多场合义是与礼的合宜相关联的，如在春秋时期史官就认为"行礼不疚，义也"（《国语·周语上》）。可见，义在很大程度上并不具有内在的道德性，这是由其最初意义决定的。而到了墨子那里，则将义的含义予以了道德性的注入，墨子认为"义者，正也"（《墨子·天志下》），他还论述到天下有义的时候就是太平治世，天下无义的时候就是大乱之世，显然在墨子这里义具有了正义的含义。孟子则将义的道德性进一步深化，"义，人路也"（《孟子·告子上》），义是人的道德从内心发用到行为实践的一条必经之路，这样义就成了人内心固有的道德，可以与仁并称。但是，墨子、孟子的解释是在原初意义上的极大引申，所以当这样一种义的用法最初出现的时候，并不为同时期的人们所普遍接受，于是仁义内外之辨便因着这一认识基础以及各家学派思想的更大分歧而发生开来。

这里还需指出，先秦诸子的仁义内外之辨实际上是从两个层次展开的，这涉及先秦思想界对内外的两层认识。其中第一个层次是人自身作为内在，而人自身以外者作为外在。第二个层次是自己的家庭或者说私领域作为内在，而国家、社会或者说公领域作为外在。因此，先秦儒家的仁义内外之辨实际上是在这两个层次上进行的。而根据这两个层次的不同讨论，我们可以把先秦儒家的仁义内外之辨再细分为具体的四个意义：其一，私德、公德的区分；其二，道德准则的根源；其三，道德实践的基础；其四，治理法则的来源。[1]我们接下来的讨论就围绕着这四个具体的意义而展开。

私德、公德的区分

就仁义内外之辨的第一个具体意义——私德、公德的区分来讲，其实先秦儒家内部并没有什么冲突。他们普遍认为，就

---

[1]　对于儒家"仁义内外之辨"的多重含义，学术界多有分析，如肖群忠的《儒家"仁义内外之辨"的现代伦理意义》（载《齐鲁学刊》2009年第3期）一文就指出，仁义之内外的含义可以有：人心内外、门内门外、人我内外三种。本文的四层区分是对此的进一步细化。

私领域、家庭内部来说，应当以仁为基本道德准则；而在公领域、国家、社会中，则应当采取义为道德行为法则。

儒家对公、私的这种划分，与周朝的封建宗法制度关系密切。我们知道，周公制礼作乐，以宗法制团结而又结构化了周朝的王室，又以封建制巩固了周朝的统治，这两种制度前者重视"亲亲"，即所谓仁，后者重视"贤贤""尊尊"，近似于义。而这两种制度又有机而紧密地结合在一起，所以仁和义本身就具有这样一种特殊关系。同时，先秦人亦将公、私领域以此两者作为一种道德适用性上的区隔。

所以，作为对周朝制度及其背后的价值意义具有很强认同感的儒者普遍认为：

仁者人也，亲亲为大；义者宜也，尊贤为大。亲亲之杀，尊贤之等，礼所生也。（《礼记·中庸》）

儒家强调以礼为治道，认为只有礼治才能导向社会的和谐与民众的幸福。而礼的根本是"亲亲""尊尊""贤贤"三条原则，此三条原则源于仁和义。由此，通过对仁、义这两种德行的恰当处理，公、私两个领域应当是有机而平衡的，只有这样才能实现良好的社会秩序和生活状况。但在现实中，却常常出现道德原则使用不当的情况。"厚于仁者薄于义，亲而不尊；厚于义者薄于仁，尊而不亲。"（《礼记·表记》）即在公领域，如果用仁的原则压倒了义的话，那么就是"亲而不尊"，反之在私领域用义压倒仁的话，则是"尊而不亲"。二者都是违反了儒家的基本价值要求的。

儒家认可的是：

仁，内也。义，外也。礼乐，共也。……门内之治恩弇义，门外之治义斩恩。（《郭店楚简·六德》）

家庭内部矛盾，如舜和瞽叟、象之间的矛盾，就要运用仁、恩的原则来处理；而在公共领域的问题，如舜和四凶的冲突等，就要运用义的规范来解决。所以在儒家看来，一个人是不应该将公、私领域相混淆的，否则，在公领域"爱亲忘贤，仁而未义也"和在私领域"尊贤遗亲，义而未仁也"（《郭店楚简·唐虞之道》），这两者都是不正确的。

由以上所述可知，先秦儒家在私德、公德的问题上，普遍认为应当是仁内、义外，并没有什么争论。这表明儒家其实对公、私领域有很清晰的认识，并了解各领域所运用的道德原则应当是不同的。但是，部分儒者却因为周朝将二者的紧密结合，而产生了一种将两者混在一起的认识，如"门内之治，恩掩义；门外之治，义断恩。资于事父以事君，而敬同，贵贵尊尊，义之大者也。"（《礼记·丧服四制》）《丧服四制》这段话的前一句还是公私分明的，但是在后一句中，却将公、私进行了混同，并以敬为贯穿公、私的德行要求。对此，我们要看到，虽然在家庭内部和社会领域都需要敬，但是如果把家庭内部的子对父的敬，拿到政治领域变成臣对君的敬，就会产生问题了。

道德准则的根源

与上面这一层面的仁义内外之辨的普遍认同相异，先秦儒者乃至诸子百家对从道德准则之来源角度探讨仁义内外则争议颇多。之所以如此，一方面是如第一节所述先秦时期"仁""义"两字本身就具有字源学上的差异；另一方面也在于先秦各家乃至儒家内部，对心性本身的理解差异很大，因而对仁义问题也有内外理解的不同。

对此问题最重要的讨论当属告子和孟子的讨论，不过在进入这个讨论之前，我们有必要先了解下其他关于道德准则之根源的仁义内外之辨，因为这将对我们理解告子和孟子的相关思想大有裨益。

稷下学派在代表作《管子》中持仁内义外的观点：

仁从中出，义从外作。仁故不以天下为利，义故不以天下为名。仁故不代王，义故七十而致政。（《管子·戒》）

稷下学派认为，仁是由内心中产生的，义则是外在的标准。所以人因着内心有仁德而不把外在事物都看作利益，因着外在有义之名誉所以不追求其他虚荣之名。显然在稷下学派这里，仁确立了人的内在主体性，而义则是外在的一个规范，不是内在的。

墨家的看法与此相异，墨家是先秦诸子中十分重视仁、义的一家，而且他们可能比儒家更早地将仁、义并称。墨家认为：

仁，爱也；义，利也。爱利，此也；所爱、所利，彼也。爱利不相为内外，所爱利亦不相为外内。其为仁内也，义外也，举爱与所利也，是狂举也。（《墨子·经说下》）

墨家通过严格的逻辑论证，否定了仁内义外的观点，之所以如此，在于墨家将仁、义都规定为人内在的道德情感。仁，墨家认为是爱的情感；义，墨家认为是利的情感。这里需要注意，墨家的利不是利欲的利，而是"兼相爱，交相利"的利，所以爱和利相近，故而仁和义也是同一层次而近似的道德情感。因而，仁、义作为道德情感是内在的，仁、义所爱所利的对象是外在的，故此仁和义不能有内外的区分，两者都应当是内在的。由此墨家批判仁内义外的观点是混淆了内在情感与外在对象的结果，是逻辑混乱的产物。

而在儒家内部，持仁内义外观的主要是以《礼记》中一些篇目作者为代表的礼学派：

> 先王之立礼也，有本有文。忠信，礼之本也；义理，礼之文也。无本不立，无文不行。（《礼记·礼器》）

在这里，我们发现礼学派从礼的角度将仁和义进行了内外的区别。他们认为礼之成立既有人内在的道德基础，也有外在的具体规范，而内在的基础就是以"忠信"为代表的仁德，外的规范则是以"义理"为代表的节文。礼学派一方面承认礼必须有内在的道德情感、道德意识作为基础，否则礼无从设想，因此他们承认仁作为礼的内在根本；另一方面他们认为礼的外在表现是义理，也就是具体的道德规范乃至一些道德项目。显然在对后者的理解上，礼学派和我们后面分析到的孟子差异巨大，礼学派并不将具体的道德规范、道德项目归诸内在，而是将之理解为道德情感与道德意识外在化的表现。这一认识，在礼学派论及礼乐关系时得到了加强。"乐由中出，礼自外作。乐由中出故静，礼自外作故文。……春作夏长，仁也；秋敛冬藏，义也。仁近于乐，义近于礼。乐者敦和，率神而从天；礼者别宜，居鬼而从地。"（《礼记·乐记》）礼学派以比附的方式进一步肯定了仁内义外，他们认为乐是由人发自内心的声音而形成的，这是一种生成性的表达，所以与内在的生生之仁德相应；而礼是外在的行为准则，它是一种外在规范对主体的约束，是一种敛藏性的展现，因而与以适宜为含义的义相应。

不仅礼学派如此，在孟子之前的子思学派学者其实也持一种仁内义外之说。"厉性者，义也……养性者，习也；长性者，道也。……义也者，群善之蕰也。习也者，有以习其性也。道者，群物之道。"（《郭店楚简·性自命出》）义和习惯、道理一样是以性为对象而来磨砺性并使之成长的，所以它当然是外在的，只不过义是作为善的标准而存在罢了。因此，仁和义是不同的，"仁生于人，义生于道。或生于内，或生于外。"（《郭店楚简·语丛一》）仁是生于人之内在自身的，义则是生于人之外在之道的。这里的道与上文的道相似，也是从外在来对性起作用的。它具体指什么呢？"人之道也，或由中出，或由外入。由中出者，仁、忠、信。由外入者，礼、乐、刑。"（《郭店楚简·语丛一》）由此我们可以说，人内在产生出来的是道德情感、道德意识，如仁、忠、信等；外在于人而对人起作用、使人成长而趋善的是礼乐制度和法令刑罚。可见，外在的道包含了软性的礼乐和硬性的刑罚，而贯通其中的就是义，也即道德法则。显然，这是一种仁内义外之说。对此，一方面我们要认识到这种思想极大肯定了人性善的说法，将仁等道德观念内在地归于人性；另一方面，它们在很大程度上又造成了对人性善的一个挑战，即这种说法导致了对所谓"道"的理解具有很强、很硬的外在性。因而构成了这样一个在子思学派内部难以解决的矛盾：我们知道，子思学派从人性论上肯定"喜怒哀乐之未发，谓之中"的"天命之谓性"，因而人之所行即是"率性之谓道"（《中庸》），但他们又在以上那些有关道德实践或道德修养的论述中，将道视作以性为对象者，是外在的对性的作用或规范。这样一种冲突，是子思学派思想不够圆融、尚未完成的表现，而对他们进行处理和完善的是孟子。

孟子在和告子的仁义内外之辨的讨论中，解决了子思学派的内部矛盾，从而建立起仁义内在的思想，并真正形成了人性本善的哲学理论。我们有必要将告子和孟子这段最重要的对话全文引述如下：

告子曰："食、色，性也。仁，内也，非外也；义，外也，非内也。"孟子曰："何以谓仁内义外也？"

曰："彼长而我长之，非有长于我也。犹彼白而我白之，从其白于外也，故谓之外也。"曰："异于白马之白也，无以异于白人之白也。不识长马之长也，无以异于长人之长欤？且谓长者义乎？长之者义乎？”

日："吾弟则爱之，秦人之弟则不爱也，是以我为悦者也，故谓之内。长楚人之长，亦长吾之长，是以长为悦者也，故谓之外也。"曰："耆秦人之炙，无以异于耆吾炙，夫物则亦有然者也，然则耆炙亦有外欤？"（《孟子·告子上》）

告子首先申明了他的基本立场：天生人成者即是性，所以人性无所谓善恶。由此出发，告子认为人内在的只有情感、意识，而无道德、价值。因此仁内并不是指人内在具有的道德价值，而只是讲人内在的具有爱的自然情感；义外则意味着道德、价值都是外来的，是后天习得的。所以在告子所举的例子中，人自然会爱自己的弟弟而不会爱外人的弟弟，这是因为仁爱这种情感是内在的、个体的、先天的；而人不仅会尊重自己的长者，也会尊重他人的长者，这个尊重的原因是从对方是长者而来的，或者更深入地说是因为有外在的尊重长者的价值规范而来的。对此，朱子的解释非常清楚："告子谓仁爱之心自我而出，故谓之内；食色之可甘可悦，由彼有此，而后甘之悦之，故谓之外。"（《朱子语类·卷五十九》）

但是孟子不同意告子的看法，孟子认为他的分析在逻辑上是根本不通的。对其中肯綮，朱子曾解释道："'彼白而我白之'，言彼是白马，我道这是白马。如着白衣服底人，我道这人是着白，言之则一。若长马、长人则不同。长马，则是口头道个老大底马。若长人，则是诚敬之心发自于中，推诚而敬之，所以谓内也。"（《朱子语类·卷五十九》）的确，孟子也指出，告子的说法是把外在的属性作为标准来指导自己的行为。但是，孟子认为白人、白马可能确实没有差别，因为二者都是纯客观的物理属性，但是长马、长人则不同。长马是可以从其外在属性上来说的，可在言说长人的时候却是要有人的内在基础的。因为在孟子看来，任何外在之物只要能对人起到深层次的影响，那么它就必然有人内在的基础。比如人可能都喜欢好吃的肉，但这个好吃的原因不是外在的，而在于内在身体性的喜好。同样，对长者的尊敬，其原因也不会是外在的，而内在于人的心性之中。这里实际上已经涉及孟子的人禽之辨以及孟子对内外关系的看法。关于人禽之辨我们此前已经论述过，而"万物皆备于我"的观念，反映了孟子对内外关系的一个心学性的理解方式：任何外在之物只要能和人发生深层次的关系，那就意味着这个关系的产生必然在人内部有其固有的资源或基础，因而这个外在之物也并不纯粹是客观的意义，它反而具有主观或者说主体的意义。

也正因为这种理解，孟子将义归结为内在的，和仁并列为人内在的道德情感、道德意识。因而当告子提出："性犹杞柳也，义犹桮棬也。以人性为仁义，犹以杞柳为桮棬。"孟子回答道："子能顺杞柳之性而以为桮棬乎？将戕贼杞柳而后以为桮棬也？如将戕贼杞柳而以为桮棬，则亦将戕贼人以为仁义与？率天下之人而祸仁义者，必子之言夫！"（《孟子·告子上》）告子始终认为人性是无所谓善恶的，而如果将道德性的仁、义认作是人性的话，则违反了性的基本趋向。孟子则指出，正如外在和内在具有深刻的关系一样，性所能实现的状态就必然意味着它有此潜能，而这潜能便是更根本的性。所以孟子将仁、义定义为人的内在本性，而否认仁内义外的说法。

经由和告子的这一番争论，孟子不仅确立了仁义内在的思想，解决了子思学派的内部矛盾，还进一步将道德原则根源上的仁义内在推扩到具体的道德实践中去。①

----

① 关于孟子解决"仁内义外"问题的哲学史意义，王博在《论"仁内义外"》（载《中国哲学史》2004年第2期）一文中曾指出：在儒家思想的发展中，仁内义外说曾经是一个很重要的环节。但是，其内在的缺陷导致它在遭到孟子的批评之后就很少被人们提起。这种缺陷在于，它给仁义提供的不同基础，事实上正可以成为破坏仁义的工具。譬如，仁虽然有人性的基础，但由于缺乏天道的依据，会导致人们对其是否为"善"提出疑问。典型者如墨子，认为儒家的亲亲之仁正是社会祸患的根源。同样，义作为天道的要求，由于缺乏内在的基础，人们追求它的合法性也就存在问题。这样的缺陷和仁义的主张本身是有矛盾的，而这正是孟子和荀子等后起的儒家抛弃仁内义外之说的根本原因。

道德实践的基础

仁义内外之辨不仅关涉到道德的来源问题，也直接关联着道德的实践问题。因为道德的来源在哪里，道德实践的基础也就在哪里。如按照前文所述的仁内义外说，则道德的实践基础相当大的程度上是在外的；而若按照孟子的仁义内在说，则道德实践的基础全在于内，此即孟子的道德自律观念。孟子的弟子曾和他人就此问题产生了如下一段对话：

孟季子问公都子曰："何以谓义内也？"曰："行吾敬，故谓之内也。""乡人长于伯兄一岁，则谁敬？"曰："敬兄。""酌则谁先？"曰："先酌乡人。""所敬在此，所长在彼，果在外，非由内也。"公都子不能答，以告孟子。

孟子曰："敬叔父乎？敬弟乎？彼将曰：'敬叔父。'曰：'弟为尸，则谁敬？'彼将曰：'敬弟。'子曰：'恶在其敬叔父也？'彼将曰：'在位故也。'子亦曰：'在位故也。庸敬在兄，斯须之敬在乡人。'"

季子闻之，曰："敬叔父则敬，敬弟则敬，果在外，非由内也。"公都子曰："冬日则饮汤，夏日则饮水，然则饮食亦在外也？"（《孟子·告子上》）

这里的公都子是孟子的弟子，他持守的是老师的仁义内在说，但是当孟季子向他提出问题：同乡人和叔伯兄长同时在一起的时候，你虽然内心更尊敬兄长但外在表现却会先给同乡人倒酒，从而表现得更尊敬同乡人，这显然意味着道德价值是外在的而不是内在的。公都子无法回答，转而向孟子请教。孟子告诉他，无论是尊敬兄长还是尊敬同乡人，这个尊敬本身都是内在的而不是外在的，而之所以要那样表现，是因为在当时那个具体情境之中，另外的道德行为原则——礼中的"位"原则——更必要，所以需要暂时表现得更尊敬同乡人。这并不能推翻义内的道德内在之说。面对这个回答，孟季子有些词穷，他只好说不仅对长者要尊敬、对弟弟也要尊敬，所以这个尊敬的原因还在于外。对此，公都子指出，无论你说尊敬的对象是谁，但是只要你产生了这一道德行为那么它就必然有内在的心性基础或者道德意识基础，就像人虽然冬天、夏天饮食有凉热之分，但这个分别不是外在来分别的，而是人内在有冷热意识和饮食需要而产生的。就此，公都子进一步完善了仁义内在说，而将人的行为实践基础都归结到内在上来。

所以孟子认为，"仁，人心也；义，人路也。"（《孟子·告子上》）义是人内在道德主体性所要求的路径，是以道德意识形成的道德实践为前提的道德判断或者道德选择，所以它是人心向外表现的必经之路。但是并不能将它归结为外在的，否则这条路就变成了由外向内走，而成为无本之木、无源之水。因此孟子在论述浩然之气的时候指出，"难言也。其为气也，至大至刚，以直养而无害，则塞于天地之间。其为气也，配义与道。无是，馁也。是集义所生者，非义袭而取之也。行有不慊于心，则馁矣。我故曰：告子未尝知义，以其外之也。"（《孟子·公孙丑上》）浩然之气这个外在的气象并不是由外在产生的，而是由内在集义而来的。它是人通过不断地将内在的道德意识、道德判断、道德选择、道德情感等累积而"养"成的一种至大至刚的人格气象，是无法通过外在的约束或者规矩而形成的。所以孟子批评告子不知义，就是指他不知道义是内在的，因此他虽然可以"不动心"，却无法养成浩然之气。

总之，通过仁义内外之辨，孟子确立了道德来源的内在性和道德实践基础的内在性，从而完成了他的仁义内在之说，为儒家的道德哲学和工夫论奠定了坚实的主体或内在基础。因此可以说：孟子的仁义内在之说涉及人性问题、人禽之辨、道德礼法的本原、道德理性的普遍合理性等一系列问题。从作为道德本原的仁和义的关系来看，仁源于自然本能，而义才是使人区别于动物的自觉意识和道德理性；从义和礼的关系来看，义是一切礼的创制和改造的依据，是人们道德理性的终极依凭。因此义必然是内在于作为一个类的人的规定性之中的。义的普遍合理性可以在历史中得到证明，也可以经由忠恕的方法加以体认，从而义内说在道德实践层面上也有着积极的意义。①

治理法则的来源

孟子在建立了道德生活的内在基础后，将之推扩到政治领域，于是由"仁心"发展为"仁政"，所以在社会政治治理法则方面，孟子所持的仍是仁义内在之说。但是与孟子相异，礼学派尤其是其殿军荀子则明确持一种仁内义外的理论。

荀子坚定地认为义是外在的，"夫义者，所以限禁人之为恶与奸者也"（《荀子·强国》）。义是一种外在的规定，它从外而来约束人的行为，使人不敢为非作歹。所以，"夫义者，内节于人而外节于万物者也，上安于主而下调于民者也。内外上下节者，义之情也。然则凡为天下之要，义为本而信次之"（《荀子·强国》）。义对内节制人的情感，对外节制外物的限度，对上使君主安宁，对下使百姓和谐。所以义是一种外在的规范性、协调性的矩范或准则。而其所以是外在的，是

---

① 徐克谦：《孟子"义内"说发微》，载《孔子研究》1998年第4期。

因为它是人后天创造的，而不是人天生就具有的：

> 圣人化性而起伪，伪起而生礼义，礼义生而制法度。然则礼义法度者，是圣人之所生也。故圣人之所以同于众，其不异于众者，性也；所以异而过众者，伪也。夫好利而欲得者，此人之情性也。假之人有弟兄资财而分者，且顺情性，好利而欲得，若是，则兄弟相拂夺矣；且化礼义之文理，若是，则让乎国人矣。故顺情性则弟兄争矣，化礼义则让乎国人矣。（《荀子·性恶》）

荀子的人性论是人若顺其自然之性会导致争夺的性恶论，所以人的本性是不含义的规范性的。这样，作为约束性原则的义就只能从外而来。对此，荀子礼义合言，将作为道德原则的义与具体行为规范的礼并称，如此则此二者同为外在的，即人后天创造的结果。而通过将这两者对人们进行教化，让它们反过来内化于人们的心中，则人们可以不再争夺而归于和谐。

在这里，荀子为儒家的教化学说和政治理论奠定了基础。而荀子之所以如此，与他对孟子的批评有很大关系。荀子认为，如果按照孟子的性善论的话，则人只要按其本性而行即可，从而失掉了儒家教化和治理的必要性。而且，荀子认为现实中"杀人盈城、杀人盈野"的情况怎么也无法证明人本性是善的。所以荀子坚定地认为人靠着先天无法得救，必须要经过后天的改造才可能得到改善。

不过，在荀子的理论中始终有一个很麻烦的问题，那就是如果人本性是恶的，善如何可能？所以荀子不得不提出"涂之人可以为禹"的说法，并论述道：

> 仁义法正有可知可能之理，然而涂之人也，皆有可以知仁义法正之质，皆有可以能仁义法正之具，然则其可以为禹明矣。……今使涂之人者以其可以知之质、可以能之具，本夫仁义法正之可知之理、可能之具，然则其可以为禹明矣。今使涂之人伏术为学，专心一志，思索孰察，加日县久，积善而不息，则通于神明，参于天地矣。故圣人者，人之所积而致矣。（《荀子·性恶》）

人先天具有的认知能力，能使人认识到仁义法正之理，进而将之演变成礼乐教化，并使人通过学习来改变自身。然而，这里面还有一个更深层次的问题，就是人虽然有这个能力，但是为什么会主动调动这个能力，去和自己的本性对抗呢？这个问题对荀子来说其实是一个非常困难的问题。所以一方面，他在《性恶》的论述中将仁义并称，好像二者都是外在的；另一方面，荀子在很多地方又不得不将仁义归纳到内在，比如我们在谈人禽之辨时指出的，荀子认为"水火有气而无生，草木有生而无知，禽兽有知而无义，人有气、有生、有知，亦且有义，故最为天下贵也。"（《荀子·王制》）这样，义就是内在于人的了。同样，"凡生天地之间者，有血气之属必有知，有知之属莫不爱其类。……故有血气之属莫知于人，故人之于其亲也，至死无穷。"（《荀子·礼论》）则人的仁爱之心也是内在的。而且荀子还认为，"仁者爱人，爱人故恶人之害之也；义者循理，循理故恶人之乱之也。"（《荀子·议兵》）在这一论说语境中，显然仁义都是人内在的道德情感或道德意识，无法将之认为是外在的。

因此我们可以说，荀子在仁义内外之辨上有一个内在的困境，即在治理原则乃至道德规范的来源上，他认为仁内义外，甚至是仁义外在；但是在人的具体生活上，他又认为仁义内在。这个冲突是荀子没有解决的，而这个冲突的根本原因，也是荀子的理论难以真正处理的：人的认知能力以及他所认知到的理，如果没有道德的倾向和某种程度的内在性，则将无法导向一个价值性、秩序性的人文世界；而如果肯定理的道德性和内在性，则人性恶或人性朴都将受到挑战，进而荀子的整个思路都将面临巨大的问题。这样一种深刻的不一致性，导致了荀子思想中某种程度的"不醇"，同时又引发我们深入思考到底应以何种方式来理解仁义与内外的关系。就此来说，宋明理学对心性和天理的言说，乃是对这一问题的深层次解答和比较完善的回应。而他们更多是从孟子的角度来回应这一问题的，这或许表明在仁义内外问题上，孟子的看法确实比荀子要通透、高明得多。

第四章

仁礼之辨

仁礼之辨是先秦儒家道德哲学中一个非常重要的辩论，它的意义在于延续了仁义内外之辨，而进一步探讨道德的内在资源和外在资源到底哪者更为根本。对这一个问题的讨论直接决定着在道德修养和道德实践中，我们到底是从内在资源出发还是遵从外在资源。这将直接决定一个儒者的道德哲学的基本思路。不过在具体讨论仁礼之辨前，我们有必要先回顾下仁礼之辨的背景，也就是中国上古三代文明所独具的礼乐制度。

礼乐文明及其反思

礼乐文明是西周人生活的核心，它内容广泛，涵括了典章制度、礼节仪式、道德规范等方面。而西周礼乐文明的形成与周公"制礼作乐"密不可分。"公！明保予冲子。公称丕显德，以予小子扬文武烈，奉答天命，和恒四方民，居师；惇宗将礼，称秩元祀，咸秩无文。……公！予小子其退，即辟于周，命公后。四方迪乱未定，于宗礼亦未克敉，公功迪将，其后监我士师工，诞保文武受民，乱为四辅。"（《尚书·洛诰》）这里，周成王赞赏了周公之德的高尚和制礼作乐的伟绩，并希望周公进一步将他所定之礼推行于天下。

礼乐制度的目的在于通过礼乐的作用来规范人们的行为、调节人们的心理，从而形塑一个虽有差异却和谐的政治、生活秩序。陈来指出，"中国古人早就意识到必须有一种方式缓解等级制度的内在紧张，这样一种方式必须以与'礼'不同的特性来补充礼，必须是一种能够增益亲和关系的东西，他们认为这个东西就是'乐'"[1]。在礼乐文明中真正受益的是作为生活主体的人，因为礼的作用是规范人的行为、培植人的意识，而乐的作用是调节人的情感、陶冶人的情操，所以，礼乐文明的首要目的是人的养成，进一步才是通过人的养成来实现政治、社会生活的秩序、平衡与和谐。因此在礼乐文明中，天然就蕴含了内在化的倾向，即以人的养成为关键点，始终关注人的培养和教育问题。而礼乐文明自身的内容也对后来的中华民

---

[1] 陈来：《古代宗教与伦理——儒家思想的根源》，生活·读书·新知三联书店2017年版，第303页。

族精神偏重内在化产生了巨大影响。

首先，礼乐文明关注人格的养成，而这种人格是一种道德的人格，不是勇士或智者的人格，这规范了日后中华民族人格培养的基本目标是使人修养成为道德高尚的人。祭公谋父在劝谏好战的周穆王时就指出，"先王耀德不观兵。……昔我先王世后稷，以服事虞、夏。及夏之衰也，弃稷不务，我先王不窋用失其官，而自窜于戎、狄之间，不敢怠业，时序其德，纂修其绪，修其训典，朝夕恪勤，守以敦笃，奉以忠信，奕世载德，不忝前人。至于武王，昭前之光明而加之以慈和，事神保民，莫弗欣喜。"（《国语·周语上》）这里指出了勇武的不足用和战争的不当用，而认为周之所以能王天下就在于代代君王能自修德行，进而使天下之人皆心向往之。所以在周人的思想中，道德人格是最高的人格，礼乐文明就是为了更好地培养道德人格而设计的。

其次，礼乐文明注重外在行为规范和内在心理情感的和谐，这就规定了后世儒家在处理仁礼关系时更加重视内在的仁的基本理路。礼乐文明在当时的情况下，主要是针对士大夫以上的统治阶层的。按照周代人的认识，一个合格的统治者必须是个有德的人，而德和礼之间有天然的联系，礼是德的节文，即古代有德者的一切正当行为的方式汇集下来便成为后代的礼。因此一个统治者的外在行为和仪止应当是遵循、符合礼制规范的，内在的心灵则应当是敬天、崇德、爱民而寡欲的，也就是说，一个统治者必须是内外、身心都优秀的。

最后，礼乐文明作为"以德配天"思维下的具体方法，实际上具有超越的指向，即通过礼乐文明养成的人是始终依照礼乐文明生活的人，而这样的人就是有德的人，且这样的人可以向上通达于天道。因此，正如余敦康指出的，在周人的思想中"天与人是可以合一的，只要发挥人的主观能动性，遵守制度化的交通规则，通过理性认识和品德修养的双重努力，就能把人的世界提升到神的世界"[①]。

礼乐文明在春秋时期得到了进一步的推进，尤其是当现实变为"礼崩乐坏"之后，礼乐的有效性、正当性、合理性何在，成为人们探讨的主要问题。针对礼乐文明的有效性问题，曹刿指出："夫礼，所以整民也。"（《左传·庄公二十三年》）礼乐对于政治和社会生活有着重要的作用，因为它是用来规范民众、使人们生活和谐的最佳方法。因此，当时的士大夫阶层大部分认为，要想解决春秋之衰世的现状，就需要恢复礼乐之治，但他们也大都认识到，简单地从典章制度上恢复周礼是不可能的，因为这样的恢复徒有其表、无有其实。所以必

---

① 余敦康：《中国宗教与中国文化》（第二卷），中国社会科学出版社2005年版，第51页。

须重新赋予礼乐文明内涵与深意，并重新在人心中建立起礼乐文明的根基。这条思路对后来孔子的以仁统礼进而达到仁礼双彰的思想，具有重要影响。

应当说，春秋时期的士人们普遍认识到徒有外在虚文的礼是不够的，礼一定要有内在的基础。内史过认为："礼，国之干也。敬，礼之舆也。不敬则礼不行，礼不行则上下昏，何以长世？"（《左传·僖公十一年》）没有内心的敬意，礼就无以施行，所以要先建立内心的敬意，才能使礼真正扎根。与此相应，叔齐将礼仪和礼义进行了区分：

> 礼所以守其国，行其政令，无失其民者也。今政令在家，不能取也；有子家羁，弗能用也；奸大国之盟，陵虐小国；利人之难，不知其私；公室四分，民食于他；思莫在公，不图其终；为国君，难将及身，不恤其所。礼之本末，将于此乎在，而屑屑焉习仪以亟。言善于礼，不亦远乎？（《左传·昭公五年》）

外在的具体礼仪末节并不是最重要的，最重要的是要知晓礼的根本之义，这就是曹刿所说的"整民"，即让各个阶层都能够各司其职、各安其所、各得其乐。人若不能知晓礼乐文明的这一深刻内涵，就不能从这里入手去学习和践行礼乐文明，那样就只会离真正的礼越来越远。礼义与礼仪之分是当时贤士大夫的共同看法，子大叔也认为"揖让周旋之礼""是仪也，非礼也"（《左传·昭公二十五年》）。而孔子正是在春秋中后期这批士人思想的基础上，进一步完善了仁礼之辨。

人而不仁，如礼何？

在孔子的思想中，虽然对仁礼有轻重、先后的划分，但从理想状态上讲，两者应当是如鸟之双翼、车之两轮，相辅相成的。仁与礼是统一的，仁是内心的道德情感，礼是外在的行为规范。仁是礼的基础、灵魂，礼是仁的体现、落实。没有仁，礼就徒具形式；没有礼，仁就无所依托。[①]就孔子的问题意识来讲，他要解决的是"礼崩乐坏"的问题，而他选择的道路是重建礼乐文明。具体来讲，在春秋后期，一方面"天下无道，则礼乐征伐自诸侯出"，天子、诸侯乃至贵族间的等级划分开始崩坏；另一方面，夷狄对华夏的军事和文化侵略日盛，华夏民族面临"被发左衽"的危险。面对这些困局，孔子认为只有重构礼乐制度、复兴礼乐文明，华夏民族的未来才有出路。而

---

① 钱逊：《孔子仁礼关系新释》，载《孔子研究》1990年第4期。

对于作为华夏文明之代表的礼乐制度，孔子认为"郁郁乎文哉，吾从周"（《论语·八佾》），这显然是一种强烈的文化认同。当然孔子也知道，重建礼乐并不是一味复古，而是"殷因于夏礼，所损益，可知也；周因于殷礼，所损益，可知也。其或继周者，虽百世，可知也"（《论语·为政》）。对于周礼也应进行因革损益，所以孔子认为，在那个新的时代中应当"行夏之时，乘殷之辂，服周之冕，乐则韶舞"（《论语·卫灵公》）。

孔子经过自己一生的政治实践，发现仅仅从礼乐制度上进行改良，并不能实现重建社会文明的任务，因为礼乐制度只是一个形式、一个外壳，真正重要的内容是人自身——人的情感、人的意志、人的理性。所谓"礼云礼云，玉帛云乎哉？乐云乐云，钟鼓云乎哉？"（《论语·阳货》）礼乐制度是植根、依赖于人内在的自我身心之建设的，所以礼乐制度的问题归根到底是人的问题。由此，孔子认识到要想真正解决"礼崩乐坏"的问题，必须从人本身的重建上着手，这也是孔子提倡教育、开办私学，以求使"学术下于私人"的原因所在。

因此在孔子的思想中，仁是比礼更重要的思想资源与道德观念。"子曰：'仁远乎哉？我欲仁，斯仁至矣。'"（《论语·述而》）在孔子看来，仁是人天生的本性，因此为仁全靠自身的努力，不必依靠外界的力量。仁并不是一个多么遥远、多么触不可及的东西，而是一念即至、招之即来的。所以人与仁之间并没有遥远的距离，而是意志所向、行为所趋，便可达到的。因此孔子认为："有能一日用其力于仁矣乎？我未见力不足者。盖有之矣，我未之见也。"（《论语·里仁》）每一个人都是可以践行、实现仁的，仁道对于人在可能性上讲是没有难度的，只要志向一定、意念一起，继之以工夫实践，就自然可以实现仁道了。这里，孔子强调了人的道德实践与养成的主观能动性。孔子思想的核心是仁，仁对孔子来讲既是一个根本性、中心性的概念，又是一个广延性很大、涵括性很广的范畴。在仁之中，既包含情感的基础、意志的动力，又包括道德的行为、政治的实践。而在孔子仁学中贯穿始终的一点是：仁始终是属于人的，此即所谓"人能弘道，非道弘人"（《论语·卫灵公》）。仁不是一个干枯的概念，而是依存于鲜活的人的个体生命的，所以它需要人的践履和努力。

孔子认为"人而不仁，如礼何？人而不仁，如乐何？"（《论语·八佾》）人如果没有仁道作为内在根据的话，礼乐文化就无从谈起，礼乐制度更会只剩个空壳。因此，将仁——人的内在道德主体性——先确立起来，这是优先于循礼等道德行为的，而这个仁的主体建立更关乎孔子整个道德、政治思想体系的建构。

可以说，孔子通过这样一些论述，将仁与人的关系予以了拉近和契接，从而肯定了仁作为人的主体性的内容，并确定了人的道德主体性，因此"仁是道德主体的自觉活动，是一种修己工夫，是人生境界不断向上超升的不竭动源，它甚至是人之尊严的象征"[①]。孔子在传统的礼乐文明中发现仁，又引仁入礼、以礼释仁，赋予礼乐文化以真实意义与内在价值，这是孔子对中国文化的巨大贡献。孔子在中国文化史上创建了以仁为本源、以礼为表征、仁礼合一的思想系统。在这一思想系统中，礼是孔子对传统的继承，仁是孔子的创辟；仁是内在原则，礼是外在规范；仁是绝对的，礼是相对的；仁是常道，礼是变道。从纵向上讲，孔子的仁礼合一是继承与创新的合一；从横向上说，仁礼合一是内在原则与外在表现形式的合一。[②]

正因为仁相对于礼具有先在性和前提性，所以：

颜渊问仁。子曰："克己复礼为仁。一日克己复礼，天下归仁焉。为仁由己，而由人乎哉？"颜渊曰："请问其目？"子曰："非礼勿视，非礼勿听，非礼勿言，非礼勿动。"颜渊曰："回虽不敏，请事斯语矣。"（《论语·颜渊》）

---

① 颜炳罡：《生命的底色》，山东友谊出版社2005年版，第24页。

② 颜炳罡：《论孔子的仁礼合一说》，载《山东大学学报》（哲学社会科学版）2001年第2期。

在孔子看来，成德即成为仁人，而要实现这点，一要抑制自己内心中不良的一面，即所谓"克己"；二要依从外在礼乐规范来行动，即所谓"复礼"。而这二者实际上是合一的，"'克己复礼'在孔子的思想中是一种修养的途径和方法，蕴含着将外在的行为规范内化为心中的道德准则之意"①。通过约束和克制自己的欲望，就可以使自己逐渐达到"非礼勿视、非礼勿听、非礼勿言、非礼勿动"的状态，这样就能使自己本性中好的一面不断发挥出来，而人也就可以践履礼乐文明了。因此说，"克己"是"复礼"的一个前提。

孔子对仁礼关系的处理，同样在他的礼学传承弟子子游那里有所体现。子游特别重视礼背后的意蕴，而这与孔子对他的一次教诲有关。子游问孔子什么是孝。孔子回答道："今之孝者，是谓能养。至于犬马，皆能有养。不敬，何以别乎？"（《论语·为政》）孝顺不能仅仅停留于外在的能赡养、能合礼，而一定要有内在的心理上对父母的尊敬、亲爱。这句话让子游了解到，古圣先贤之所以创制礼乐，并不仅是为了使人们的生活有秩序，更是为了时时提醒人们要关注自己内在的德

---

① 李存山：《中国传统哲学纲要》，中国社会科学出版社2008年版，第195页。

行；而孔子之所以重视并试图重建礼乐文明，也正在于他发现了其中的仁道，并期冀以此来挽救礼崩乐坏的春秋末世。所以在仁与礼之间，仁是核心性和先在性的观念。因此，当子夏一派特别重视礼仪细节的时候，子游批评道："子夏之门人小子，当洒扫应对进退，则可矣，抑末也。本之则无如之何？"（《论语·子张》）显然，子游更重视的是礼仪背后的礼义——仁道，所以对于丧礼他指出，"丧致乎哀而止"（《论语·子张》）。丧礼要表达的是生者对死者的哀思，所以不必追求过度的礼仪的完备，只要能将哀戚之情予以畅快地表达，这个丧礼就算很好了。

思孟学派的理论与孔子接近，他们也都更加强调内在的仁对于外在的礼的先在性和决定性。子思学派在《中庸》中指出：

喜、怒、哀、乐之未发，谓之中。发而皆中节，谓之和。中也者，天下之大本也。和也者，天下之达道也。致中和，天地位焉，万物育焉。（《中庸》）

这里虽然未明言仁礼关系，但是我们知道"和"是与礼、与外在、与"已发"相对应的，"中"则更多地与仁、与内在、与"未发"相对应，所以子思学派实际上是认为内在决定外在，仁决定礼。关于"喜、怒、哀、乐之未发，谓之中"，朱熹认为：情感未发出时候的宁静状态就是"中"，这个时候是人的本性自然的内敛状态，所以是中的、不偏不倚的；而情感"发而皆中节，谓之和"，情感抒发出去后，能不乖戾、恰到好处，就是"和"，这是人的本性舒展后的状态。"中"的状态是根本，它是天道贯注到人道后的人做事的根据，也即仁；而"和"的状态是人顺着本性发用而到达外物，因为它本于天所以自然无所不通，故而是真正的道路，也即礼。因此说，人如果能"致中和"，就等于实现了天赋予人的本性，人就安立在天地间正确的位置了，所以"天地位焉"；人以"中和"应万物，则万物亦得到恰当的对待，所以"万物育焉"。可见，"致中和"就可以实现中庸之道。

而在孟子这里，礼被他更多地往内收，所以他以人伦的观念来融摄礼。所谓五伦——"父子有亲，君臣有义，夫妇有别，长幼有序，朋友有信。"（《孟子·滕文公上》）这是传统中国最重要的五种社会关系以及人在其中应该遵守的道德准则，换句话说，也就是最基础的礼，而这五种礼背后都有着强烈的内在心性资源。"父子有亲"说的是父母与子女之间要亲密。人出生后首先形成的人际关系就是自身与父母的关系，没有父母就没有自己，因此古人把父母与子女的关系称为天伦，列为五伦之首。因为父母与子女血脉相连，所以他们之间的关系比世界上任何关系都亲密。但因为人的自我膨胀和对利欲的疯狂追求，有时竟会做出不顾父母的事情来，所以孟子还要强调，没有东西能比父母与子女的亲情关系更加珍贵。因此父母要关心爱护子女，子女则必须要孝敬父母。"君臣有义"是指君主与臣下之间应该讲道义。在他们之间，既有恩的心理基础，也有义的行为准则。如果领导者无恩，那么他就丧失了领导的资格；如果被领导者不义，那么他就应该受到处罚。尽管时代的变迁一再改变这一说法的内涵，但在政治上要讲道义、遵从政治正义的原理，却是永恒不变的。"夫妇有别"指丈夫和妻子应该互相敬爱，进而有所区别。就是说丈夫要遵循作为丈夫的伦理规范，妻子要遵循作为妻子的伦理规范，而因为丈夫和妻子的义务不同，所以要有别。"长幼有序"是指长辈与晚辈之间因着内在的心理关系而应该有秩序，即要重视社会上不同年龄层的秩序问题。孟子在这里强调的是长辈要爱护晚辈，晚辈要恭敬长辈，这样不同的人群之间有秩序可循，就能融洽相处了。"朋友有信"是指朋友之间既有友谊，又有信义，这样才能建立平等而相互信任的关系，才是真正的朋友。这五者都是既有内在心性基础，又有外在仪文表现的，而其中根本的是内在心性基础。

总之，在孔子那里，一方面仁、礼都很重要，但同时仁确实具有先在性和基础性；而这样一个内在化的倾向，经过孔门弟子、子思、孟子的处理后，成了儒者普遍对仁礼之辨的一个基本看法。这一看法也成了后世的主流。不过，先秦时候的荀子对这一看法有不同的意见，他更加看重礼。

荀子的"隆礼"观

谈到仁礼之辨不得不提到以荀子为代表的礼学派，他们虽然也承认仁的极高价值，但是他们更强调礼在道德实践、政治实践中的现实意义。所以有必要将他们的仁礼之辨单独予以探讨。

荀子的仁礼之辨建立在他的人性论基础上，荀子认为"性者，本始材朴也；伪者，文理隆盛也。无性则伪之无所加；无伪则性不能自美"（《荀子·礼论》）。荀子的出发点是"生之谓性"，"若夫目好色，耳好声，口好味，心好利，骨体肤理好愉佚，是皆生于人之情性者也，感而自然，不待事而后生之者也。""生之谓性"并不意味着人天生就是性恶，如"目好色，耳好声，口好味"实在是无价值评判意义可言的，荀子这一立场的意义在于，他深刻意识到了人作为动物性的存在这一人永远无法抛弃的身份和立场，意识到了这种动物性对人的现实生活和伦理选择判断的重要影响。荀子的人性论是对他的礼学论的一种铺垫："凡性者，天之就也，不可学，不可事。礼义者，圣人之所生也，人之所学而能，所事而成者也。不可学、不可事而在人者谓之性，可学而能、可事而成之在人者谓之伪，是性、伪之分也。""故圣人化性而起伪，伪起而生礼义，礼义生而制法度。"（《荀子·性恶》）荀子认为，人的道德修养工夫不可能从人的内在流出，因为人性不是价值的根源，学者尚没有那么强的自主性，更不用说普通大众了。因此从某种程度上说，荀子的学说实际上是为了实现大众的普遍教化而提出的，他更着眼于社会效应的层次。所以荀子指出，人不仅需要师长圣人的教化，更重要的是一定要有可遵循的礼仪。因为对于重视并强调经验性格的荀子而言，人性之可以"辨合符验"处，是在具体行为的展现上。而从基本经验上来说，人性所经常表现出来的行为并不在于"道德价值"的坚持，相反，人性表现的好恶之情常常与道德价值冲突，所以人性不是价值的根源所在。就荀子的陈述来说，他对于价值根源的兴趣实在不高，他更关心的是如何在现实中完成人们的道德修养，而这就需要靠后天的"伪"的工作了。总之，人的本性必须要通过"伪"对它进行加工，人才能达成良好的道德修养。而"伪"即循礼与学习。

由此我们可以知道，荀子在其"生之谓性"的思路上，承认人现实生存中各种情欲的必然性，这使得普通大众在日常生活中的举手投足都顺"性"而为，不会处于拘迫、束缚之下；但从社会整体的角度考虑，则必须设立礼法，同时"劝学"而教化民众，这就可以对治人们可能由"生之谓性"的性、情、欲泛滥而造成的恶了。而且"涂之人也，皆有可以知仁、义、法、正之质，皆有可以能仁、义、法、正之具，然则其可以为禹，明矣"（《荀子·性恶》）。人虽然先天不具备道德本性，但是每个人都有天生的认知理性。因为有这个理性，我们就知道自己的趋恶本性实际上既对自己不好，又对社会不好，所以要学习礼法来控制它。有了这个动机，我们就会自觉地运用我们的理性去学习。而经过学习古圣先贤的学说和现实的礼乐制度、礼法规则，我们就能在具体的生活实践中按照道德原则、伦理规范来行动，贯彻制度规则、礼法仪轨等。

荀子及礼学派之所以重视礼，是因为他们普遍认为："人无礼，则不生；事无礼，则不成；国家无礼，则不宁。"（《荀子·修身》）人们做任何事情，都要以礼法为依据，否则都会做不成。小到做人，大到治国，都是如此。而其中最根本的原因，还在于礼学派对礼的起源的认识。在他们看来：

礼起于何也？曰：人生而有欲，欲而不得，则不能无求；求而无度量分界，则不能不争；争则乱，乱则穷。先王恶其乱也，故制礼义以分之，以养人之欲，给人之求，使欲必不穷乎

物，物必不屈于欲，两者相持而长，是礼之所起也。（《荀子·礼论》）

礼是因为人本性的需要才产生的。人一生下来就有很大、很多的欲望，欲望不能得到满足，就会努力去追求。而这种追求如果没有界限，就会产生纷争。纷争便会导致混乱，混乱就会使得群体贫穷。古代的圣王看到这种情形感到十分厌恶，于是便制作了礼义来改变它。礼义将人群进行了划分，从而可以使人的欲望得到一定满足、追求得到一定实现，同时，礼义的限制又使人的欲望、追求不至于把物品穷尽而导致人与人之间的争斗不休，这样人与人就可以和谐并存了。这就是礼产生的原因。

可见，在荀子眼中，礼就是为了治国而产生的。因为人为了满足欲望而进行的争斗会使得国家混乱而物品短缺，所以要通过礼来将人群进行分层、限制，从而使得物品得到合理的流通与分配，进而国家免于混乱。所以国家要治理得好，合适、恰当的礼是非常需要的，更是必要的。

礼既然如此重要，那么如何习得礼呢？显然，既然荀子的人性论认为人只是有内在学习能力而没有内在道德价值的主体，那么只能向外求。换句话说，国家的治理需要隆礼重法，那么谁懂得礼法呢？就是老师。因此荀子认为，要治理好国家就一定要尊重老师。"国将兴，必贵师而重傅，贵师而重傅则法度存。国将衰，必贱师而轻傅，贱师而轻傅则人有快，人有快则法度坏。"（《荀子·大略》）荀子认为，老师是一种和政治统治者不同的系统。统治者不过是掌握着政权，但真正了解治国之道、传承着先圣遗训的是学者、老师。老师这个系统是自古以来一脉相承的，因为他们才是人类中最聪明智慧的一批人，他们才是能和古圣先王真正沟通的人，所以他们代表着政治治理的根本之道。而统治者不过是一批不断坐上那个位子的人，他们只是在那个位子上，却并不代表他们的心就和古圣先王们相通，所以他们并不理解治国之道。因此要想治理好一个国家，统治者必须尊重老师，向老师学习，以求了解先王之道，并按照大道治理国家。显然，在荀子这里，掌握礼乐之道的学者（或者说儒者），代表着一种对政治合理性讨论的正义所在，或者说对政府有一种参与和监督的作用。

可见，礼的外在性在荀子看来是必要且重要的，而且正因为其外在方能对人产生作用。至于仁，荀子并没有给予深入的论说，他基本延续了此前思想界关于仁乃同类的同情这样一种情感观念。尤其是，荀子并没有刻意探索仁和礼之间的关系，这或许表明在荀子这里，礼的重要性是要超过仁的，没有礼，仁便根本无从实现。

第五章

义利之辨

虽然经过人禽、仁义内外、仁礼等辩论后，先秦儒家已经初步确立了人与道德的紧密关系（或内在、或外在，但皆为生活所必需、必备），但在现实中，道德的实现还面临着诸多困难。因此，先秦儒家道德哲学中重要的一点就是要确立道德的至上性，而对道德威胁最大的就是利，所以义利之辨是儒家必然面对的问题。事实上，先秦儒家从孔子、孟子到荀子，对义利之辨一直采取一个非常严肃的态度。

不义而富且贵，于我如浮云

孔子倡仁学、崇道德，提出了"不义而富且贵，于我如浮云"（《论语·述而》）的看法。在孔子看来，用不义的手段得到富贵是不正当的。因为在儒家看来，道德具有最重要的价值，所以儒家对用不道德的手段取得富贵的行为不屑一顾，认为"不义而富且贵"对人乃是一种耻辱，不值得羡慕与向往。君子不是不爱财，只是君子"取之有道"。所谓"取之有道"，就是取得财富是通过正当的途径或手段，而不是通过"不义"的方法。

孔子之所以言义利之辨，是和儒学整体的特质联系在一起的。"子曰：'古之学者为己，今之学者为人。'"（《论语·宪问》）孔子认为，真正的学者学习是为了成就自己的人格，而虚伪的学者学习却是为了在人前沽名钓誉。因为儒家的学问是内圣外王的学问，而内圣之学更是根本。内圣就是要提高自己的道德修养、成就自己的完善人格，也就是说儒家首先是成己之学。但这种成己之学成就的是自己的道德人格，而非功利性的东西。所以这种学问天然就蕴含着它是要成己而利人的，因此由成己之学可以很顺畅地通达到成人之学，也就是外王学。但外王的根本始终还是在成己上。这个为己和为人的区别，实际上对我们理解儒家义利之辨的思想本质非常关键。它突出了儒家道德哲学是立根于人自身内在的道德本性和道德情感的，是以心安理得为诉求的。

另外，孔子也从后果论上讨论了义利之辨。孔子认为："放于利而行，多怨。"（《论语·里仁》）我们应当认识到，孔子事实上并不是绝对地排斥利，或者说孔子并没有彻底地否定利的意义。孔子要求的是人们在处理问题的时候，不要一切都只是为了利，而要把事事物物摆在义的天平上去衡量。也就是说，孔子要达到的目标是人们内心的是非善恶标准要以义来衡量，而不是以利来衡量。因为在孔子看来，如果一切都能以义来衡量，那人们就可以摆脱个人私利与好恶的干扰，真正达到"道"的高度；而如果一切都以利来衡量，则人只会追求个人的"食色"等私欲，就会引起人心不正当的善恶喜好，也就不可能达到"道"了。所以，根本的问题是追求利要有一个限度。人要活着，就要吃饭；同时人还担负着延续种族的责任，因而就要有性的需求。所以人是不可能摆脱基本生活需要的，因而以"取之有道"来追求利并不为过。但是，孔子反对"放于利而行"，就是将追求利的欲望无限扩大化，以至于用利来衡量人世间的一切事情，这就违反了义。如果人们都"放于利而行"，那么由于物质等满足人的欲望的东西是有限的，则势必引起人们之间的争夺，得到满足的人会高兴，得不到满足的人就会怨恨他人、怨恨社会，最后发展成争夺、战争。而如果一切都依照义来评判的话，则人们对待一切问题都不再看是否"利不利"（是否有利于自己），而看是否"义不义"（是否正当、适宜），由此就可以消除因利而导致的争夺。

　　所以，当义、利发生冲突的时候，孔子坚定地选择义而否定利。"子曰：'志士仁人，无求生以害仁，有杀身以成仁。'"（《论语·卫灵公》）孔子认为最高的道德是仁，而造成自利的根本原因在于人自身的身体性存在，所以这两者的冲突实际上就是义、利的冲突。而孔子认为"为仁由己""我欲仁，斯仁至矣"，这里既包含着个体自我道德抉择的自由意识，又不仅仅是一个"纯粹意识"的问题，而是当下抉择、当下承当的道德实践问题，是对人之所以为人的自我道德责任的一种当下担当。孔子还认为"当仁不让于师"，这说明以仁的精神而尽做人之责任是我们不可推卸的义务，也即做人是每一个个体无可逃遁的责任与义务。所以人应当"无求生以害仁，有杀身以成仁"，人应当始终将"成仁"作为自己人生的最高使命，并义无反顾地随时准备为这一使命的实现献出自己的生命。所以，"成仁""践仁"是儒家超越小我之自然生命的道德情怀的最高表达，体现了儒家伦理学是真正的自律伦理学。

正因为孔子对义、利的区分，所以当他的弟子冉有的所作所为是"季氏富于周公，而求也为之聚敛而附益之"（《论语·先进》），明显违背了孔子的教诲时，孔子说"小子鸣鼓而攻之可也"。这是孔子对人纵容自己私欲甚至怂恿他人放纵私利的坚决抵制。

德者本也，财者末也

孔门弟子对义、利也是采取很严格的区分态度。其中对思孟学派有重要影响的曾子认为："君子攻其恶，求其过，强其所不能，去私欲，从事于义，可谓学矣。"（《大戴礼记·曾子立事》）曾子可能已经意识到，由于人身体血气的存在，人先天就有一种欲望性的自私自利的需求，而这种需求很难消灭，所以人实际上是很难始终践履道德的。因此人必须要通过"学"，也就是经常做反省内思、克制私欲、改过迁善的工夫，才能使自己逐渐战胜身体中血气之欲的影响，成为一个有道德的人。

而在曾子门人所作的《大学》中，对义利之辨有一个经典的论述：

德者本也，财者末也。外本内末，争民施夺。

这句话是针对"治国、平天下"的时候如何处理财富问题而讲的，因为只要治理国家，就必然面临着国家财富的问题。《大学》对此问题主要有两个观点。一是德为本，财为末，这一点是针对统治者来讲的。统治者过度追逐所谓的国家富裕，则很可能会从民间征收财产，最后造成的结果是与百姓争利。

当然，造成这一结果的原因很复杂，其中有古代专制制度的原因，但在《大学》作者来看，更多的是统治者的道德问题。统治者用"国家富裕"这个虚无缥缈而看起来又大义凛然的名词，肆无忌惮地从民间搜刮财富，实际上是中饱私囊，让自己的欲望得到充分满足。而《大学》作者认为这样做的最终结果将是"财聚则民散"，国家过分聚敛财富的话，就会让百姓离心离德，因为剥削了百姓过多的财产，将使普通民众的生活无法幸福起来，民众们自然对这个国家不再抱有信任。这样最终会"货悖而入者，亦悖而出"，通过不合理的方式聚敛的财产，也一定会以同样的方式丧失，也就是民众最终会同样通过不合理的手段，把被国家夺去的财产重新夺回来。在古代，这就是起义。所以《大学》认为统治者一定要认清楚道德和财富的关系，一定要以道德为本，不能以财富为本。只有有了道德，民众才会相信你、依附你，这样他们才会去努力工作，国家财富才会真正增加。所以《大学》作者对财富的第二个观点就是："生财有大道，生之者众，食之者寡；为之者疾，用之者舒；则财恒足矣。"即增加财富的原则是：生产者多而消费者少，创造得快而使用得慢。这说明了一个非常重要的道理：社会中不生产而只消费的人不能太多，也就是社会中的官僚等人员必须尽可能地少。否则就会造成普通民众创造的财富被国家财政收上去后，用在了一批不能创造财富的冗员身上，这实在是对民间生产能力的浪费，是对财富的一种消耗。而且，还会对创造财富的民众造成不良的影响和暗示，对国家稳定是非常不利的。

性善论

孟子继承孔子、曾子的思想，对义、利采取了更严格的区分。《孟子》开篇就为我们呈现了一场精彩而又经典的义利之辨。梁惠王见孟子的第一句话就是："亦将有以利吾国乎？"而孟子的回答是："王，何必曰利，亦有仁义而已矣。"（《孟子·梁惠王上》）孟子认为，必须将义、利严格区分开来。从经验层面讲，人人逐利不已，这个社会就会因争夺而混乱。从哲学层面讲，因为孟子已经通过"仁义内外之辨"把义收归到内在，并形成了他的"四端之心"的性善论，所以由义出发便意味着是道德的、自律的，而由利出发则是非道德，甚至反道德的。而且孟子认为：

仁，人心也；义，人路也。舍其路而弗由，放其心而不知求，哀哉！人有鸡犬放，则知求之；有放心而不知求。学问之道无他，求其放心而已矣。（《孟子·告子上》）

人对外在财物利益的丢失是会非常计较的，这是由人的生物性一面所导致的；但正因为人还是"人"，所以应当对自己仁义道德本心的丧失也认真计较，否则人便失去了其类的归属。因此在孟子看来，人的道德修养、道德实践的根本工夫便在于"求放心"，也就是把自己放纵到利的层面或者堕落到禽兽层面的心追回来。只有这样，人才能成为人。

孟子曾以极端的例子来说明义、利之间的紧张关系。

鱼，我所欲也，熊掌亦我所欲也；二者不可得兼，舍鱼而取熊掌者也。生亦我所欲也，义亦我所欲也；二者不可得兼，舍生而取义者也。生亦我所欲，所欲有甚于生者，故不为苟得也；死亦我所恶，所恶有甚于死者，故患有所不辟也。如使人之所欲莫甚于生，则凡可以得生者，何不用也？使人之所恶莫甚于死者，则凡可以辟患者，何不为也？由是则生而有不用也，由是则可以辟患而有不为也，是故所欲有甚于生者，所恶有甚于死者。非独贤者有是心也，人皆有之，贤者能勿丧耳。一箪食，一豆羹，得之则生，弗得则死，呼尔而与之，行道之人弗受；蹴尔而与之，乞人不屑也。万钟则不辨礼义而受之，万钟于我何加焉？为宫室之美、妻妾之奉、所识穷乏者得我与？乡为身死而不受，今为宫室之美为之；乡为身死而不受，

今为妻妾之奉为之；乡为身死而不受，今为所识穷乏者得我而为之，是亦不可以已乎？此之谓失其本心。（《孟子·告子上》）

　　孟子在这里讲的是义利之辨，而义利之辨的实质是人禽之辨，即能由仁义行的便是人，便是高于禽兽者；不能由仁义行的便是禽兽，便是低于人者。每个人的心中本来都是有仁义道德本性的，这乃是人的本心，但是人心会因为生理上的欲望而丧失掉人之所以为人的本性，这就叫失去了本心。可见，孟子在这里处理的是义或道德和自利的最高代表——生命，到底哪个价值更高的问题，也就是说，当道德和生命两者发生冲突的时候，我们到底应当选择哪一个的问题。一般来说，道德实践是以生命活动为载体的，孝敬父母、帮助他人、仁爱天下，这都是需要一个承载体，也就是活着的人。在这些道德实践活动中，我们的生命和道德实践可以结合得很好。但是有的时候，我们的生命和道德是有一定龃龉甚至冲突的，这种时候，正是考量一个人如何认识生命和道德、利与义何者的价值更高的时候，也是考量一个人的人格是否真正善良而完满的时候。

　　在孟子看来，义重于利，道义的价值要高于生命。为什么呢？孟子从一个经验的角度给予了分析：如果人追求的最高价值是生命，那么为了它，就应当不择手段；而如果人最讨厌的是死亡，那么为了逃避它，就应当无所不用其极。但是，连一个乞丐都会不食嗟来之食，那么显而易见，有比生命价值更高的东西。这个东西是什么呢？就是道义。既然道义的价值比生命高，那么当它和生命发生矛盾的时候，人就应该选择道德，而不是选择苟且偷生。既然人在道德和生命发生冲突时都应当选择道德，那么在道德和生命中的其他欲望发生冲突时，毋庸置疑，人也是应当选择道德的。通过这样一番讨论，孟子确定了道德的绝对性和最高价值性。

因此孟子认为，人一定要拒绝"万钟""宫室之美""妻妾之奉""所识穷乏者得我"。也就是说，人应坚定不移地选择道义，而不是为了那些外在之利抛弃道义。而且，孟子这里所说的生命和道义的高下、义利之辨，我们不仅在紧要关头需要注意，在平时更需要常常提醒自己，以唤醒并保持自己的本心良知。

性恶论

对于义利之辨，荀子是从另一个角度来谈的，因为在荀子那里，义有比较独特的含义。"力不若牛，走不若马，而牛马为用，何也？曰：人能群，彼不能群也。人何以能群？曰：

分。分何以能行？曰：义。故义以分则和，和则一，一则多力，多力则强，强则胜物，故宫室可得而居也。故序四时，裁万物，兼利天下，无它故焉，得之分义也。"（《荀子·王制》）荀子的义是从社会组织角度讲的义，其中知性的意义更强。因此在荀子的义观念中，"分"是其中的一个重要含义。因为"分"是"群"的基础，而"人生不能无群，群而无分则争，争则乱，乱则离，离则弱，弱则不能胜物，故宫室不可得而居也，不可少顷舍礼义之谓也。能以事亲谓之孝，能以事兄谓之弟，能以事上谓之顺，能以使下谓之君"（《荀子·王制》）。由此可知，荀子以为：人能胜物在于人能群，人能群在于人有分的认识，而分的认识在于人有义，义是人不可须臾离的标准，而此义又是所谓道德。这样我们可以发现，荀子的义不同于孟子的义，也不同于以往"仁内义外"的义。他的义，是兼对内外而普遍正确有效的。在荀子的理论架构中，义是仁之发用而成的结果，即是由同类相爱的情感转化出的作为行动标准的道德。此义由仁所生，而又合于理，故为判断与行动的标准。具体来讲，"仁，爱也，故亲；义，理也，故行；礼，节也，故成。仁有里，义有门；仁，非其里而处之，非仁也；义，非其门而由之，非义也"（《荀子·大略》）。义为道德之理序和仁的理路，是依据仁的自然情感而来的道德理性和社会理性。相应地，荀子最重视的礼也是顺着义的这个理序、理路而形成的节文，所以义在荀子哲学中占有重要的地位。

因此，荀子也反对利而肯定义。我们知道，荀子的人性论是天生人成而又趋向于恶的人性论，而且他认为，如果顺着人性自由自在地发展，那么就会导致争端和祸乱，因此人们必须以自己的认知理性和道德理性——"义"，来建立起礼乐制度以克制人的本性，这样才能使人归于道德、社会归于规范。所谓"人之性恶，其善者伪也。今人之性，生而有好利焉，顺是，故争夺生而辞让亡焉；生而有疾恶焉，顺是，故残贼生而忠信亡焉；生而有耳目之欲，有好声色焉，顺是，故淫乱生而礼义文理亡焉。然则从人之性，顺人之情，必出于争夺，合于犯分乱理而归于暴"（《荀子·性恶》）。人的本性是好利而自私的，这是因为人的形体之"小我"而不得不如此，但是人不仅是这样的存在。

故必将有师法之化，礼义之道，然后出于辞让，合于文理，而归于治。……枸木必将待隐栝、烝、矫然后直，钝金必将待砻、厉然后利。今人之性恶，必将待师法然后正，得礼义然后治。今人无师法则偏险而不正，无礼义则悖乱而不治。古者圣王以人之性恶，以为偏险而不正，悖乱而不治，是以为之起礼义，制法度，以矫饰人之情性而正之，以扰化人之情性而导之也。始皆出于治、合于道者也。今人之化师法，积文学，

道礼义者为君子；纵性情，安恣睢，而违礼义者为小人。用此观之，人之性恶明矣，其善者伪也。（《荀子·性恶》）

人一生下来虽然就天然地具有利欲追求，但同时也有着可以思虑的认知之心，因而人们需要发挥心的功能，来通过认识的作用，接受师法的教育，学习礼义之道，这样就能使人不至于因为自然的争夺心而最终丧失了自我保全的基本要求，并使人进一步由自然世界走向价值的人文世界，令人自身能获得发展和完善。

应当说，荀子的义利之辨是从整个社会的角度来说的，而不是从个体修养的角度来看这个问题。这是他独特的社会组织视野所造成的，当然，这其实也是孔子义利之辨中应有的含义之一。可见，义利之辨是先秦儒家共享的道德理念。而由道德上的义利之辨又可通向政治上的义利之辨，即会自然而然地形成儒家的王霸之辨，这是儒家内圣外王架构的当然结果。

而在先秦时期，诸子中的墨家在义利问题上与儒家有截然不同的看法，其主要差别是在于他们给予了利一个特殊的意义。墨者认为："夫爱人者，人必从而爱之。利人者，人必从而利之。恶人者，人必从而恶之；害人者，人必从而害之。"（《墨子·兼爱中》）墨子的"兼相爱"是一种对等互报的原则，所以也称作"交相利"。换句话说，墨家认为道德行为总是能得到相应的利益回报。所以，一个人若做出不道德的行为，尽管可能暂时实现自己的利益，但长远来看是事与愿违的。这就是说：每个人都有自利之心，而我们要想在这样一个大家共同生活的社会中实现自我利益，就必须爱人、利人。显然，这一说法带有功效主义的色彩，是"主观为自己，客观为别人"的功利主义。其中的问题是，这种理论最终把道德当作了达成自己利益的一种工具，从而否认了道德的独立价值，所以墨家事实上无法谈论道德。因为墨家的道德实践实际依靠的是人的工具理性，而工具理性会告诉他，自己的利益固然存在于他人利益的实现过程中，利人是利己的必由之路，但是利人的过程说到底还是一个自我要做出让步的过程。而对于一个以个人利益为基础的人来说，让步总是有限度的，他不可能为了道德而牺牲自己的生命或者较大的利益。所以，真正的道德到头来并不能实现。也正因如此，当时就有人指出："故兼者，直愿之也，夫岂可为之物哉？"（《墨子·兼爱中》）它只不过是一种美好的愿望，而根本不可能实现。墨家的这一前车之鉴告诉我们，尽管人的个人利益是人性中很深层的东西，但在道德的问题上，一定要想办法超越它，否则道德就不纯粹，最终也就无法实现，而我们的生命将局限于低的生物的层次。因此在义利之辨的问题上，先秦儒者的思考恐怕还是更为合理的。

　　综上所述，先秦儒家对义利之辨采取一个严格判分的态度，不过儒家的义利之辨又不是简单地割裂义利，而是将道义论与功效论结合起来的义利观。所以说，儒家的义利之辨实际上对西方的义务论与功利论是一种双重的超越。孔子的义利之辨在判分义、利的同时，也具有一定功效论的看法，即要求合理的私利和对社群公利的诉求。义利之辨在思孟学派那里得到了凸显，主张人的道德行为绝对不应当掺杂任何自私自利的动机，而须是纯粹的道德之事，但孟子其实也为一般的生活之利留有空间。荀子主张的义是具有社会组织意义的，所以它自然就要求公利而反对私利，不过他的反对私利是反对过分的、扩张性的私利，而非为了生活的一般之利。因此在儒家看来，没有公利的义是不可能的，没有义的私利是绝对不可取的，而公利和义正是相合一的，一般生活必需的利是无所谓义不义的。可以说，儒家的义利之辨是一种对义利关系十分巧妙的处理。而这个问题在西方伦理学中是很难处理的，所以在经济蓬勃发展的当下，人类其实迫切需要一种新的道德哲学，这种道德哲学将以现代条件下的义利之辨作为自己的主要论题。①而儒家的义利之辨可以为此提供丰富的资源，这就是在公利的角度下谈

① 　参见张汝伦：《义利之辨的若干问题》，载《复旦学报》（社会科学版）2010年第3期。

利，而不是不管效用的义务论，更不是简单地将一切个体利益的总和当作公利的功利主义。总之，义利之辨的现代意义是：让每个个体不只满足于做一个经济人，而要讲求理想的德性与责任，更不是只以理性的或功利的法律为道德的准绳。①

义利之辨对后世儒家的影响极大，大部分儒者都秉持分别义和利而坚守义和公利的观点。当然也有一些儒者持反对意见，比如南宋儒家中功利学派的叶适就认为："仁人正谊不谋利，明道不计功，此语初看极好，细看全疏阔。……后事儒者，行仲舒之论，既无功利，则道义者乃无用之虚语。"（《习学记言序目》）叶适认为道德不应脱离物欲、功利，而应把两者结合起来，让道德在物欲的基础之上得到实现，这就是"六欲皆得其宜"而"达民所欲而助其往"。这种认识突出了普通民众之公利的重要意义，但是没有了解到公利其实正是义的重要部分，所以叶适等功利儒者的批评是有其局限性的。

---

① 参见成中英：《论义利之辨与天人合一》，载《中国社会科学院研究生院学报》1998年第1期。

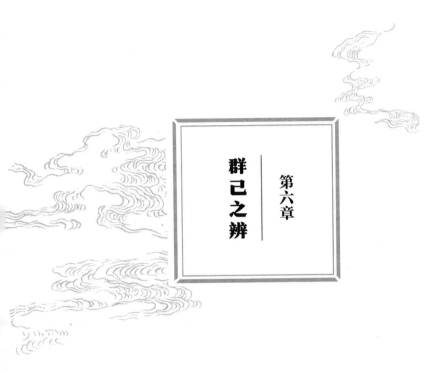

第六章

群己之辨

如上章所述，先秦儒家普遍采取严辨义利的态度。之所以如此，在于儒家认为，义利不仅是个人的问题，更牵涉到整个社群、国家的秩序是否良好。由此可见，儒家非常重视社群的利益，但这是否意味着儒家就反对个人利益呢？其实并不是，儒家强调的是个人利益和社群利益的协调一致，换句话说，儒家认为个人的真正利益和社群的利益是一致的。不过这样一种看法却并不是西方功利主义的所有人利益的总和就是最大利益的观念，而是一种与西方现代道德哲学、政治哲学中的社群主义比较接近的群己观念。所以，我们本章讨论先秦儒家的群己之辨，更多地是将之放在和西方社群主义比较的视野中来进行。

社群主义的群己观念

西方近代以来道德哲学以及政治哲学一贯的传统是自由主义，但随着现代、后现代思潮的兴起，以及全球化时代各种文化对西方文化的挑战，自由主义受到了质疑，而其中颇具有批判价值和现实意义的一个理论就是社群主义。

我们知道，自由主义哲学有两支：英美传统的功利主义和欧洲大陆传统的新自由主义。功利主义建立在功利主义自由观的基础上，强调由追求私利的个人出发订立契约以建立民主制度；新自由主义则从道德理性个人的自我观出发，强调由正义、平等和公益观念来形成民主国家。

功利主义认为，判断个人行为是否正当的基本标准就是功利原则，所有人类行为的最终目标就是善的最大化。而善与恶取决于个人的快乐与痛苦，不过这种快乐与痛苦，不仅是肉体的，也是精神的。由于善具有包容性，所以在有利于个人的同时，也会有利于他人和社会。因此，每个人在自由追求个人利益的同时，全社会的公益也随之增加。可见，这种个人功利的实现必然要求整个社会的自由，相应地，只有在自由的社会中，人们才能追求并实现高级的快乐。因此，政府的目的就是为了最大限度地实现公民的快乐，即保持道德判断上的中立以求维持一个自由的社会，除非公民伤害到他人的利益，国家才能干涉。

新自由主义则认为，所有社会的基本利益，如自由、机会、收入、财富以及所有保证个人自尊和个性发展的客观条件，都必须平等分配，除非这种不公平的分配有利于每一个人的利益。因此新自由主义强调一种关于分配的正义。同时，社会的和经济的不平等应这样安排：所有社会的基本利益被合理地期望适合于每一个人的利益，并向所有人开放。新自由主义是以康德哲学为基础的，强调从原初状态出发的自由而平等的道德人在无知之幕的限制下，选择一套规范社会的正义原则。说到底，新自由主义的核心思想是：必须给正义、公平和个人权利以优先的地位。因此法律必须提供一个公平的社会框架，公民在这种框架中追逐自己的利益，且不与他人冲突。

社群主义则主张用公益代替权利，之所以如此，在于社群主义对自由主义的三点批判：

一是自由主义的个人主义的原子论自我观。这种批评的代表人物是迈克·桑德尔（Michael J. Sandel）。针对混沌无知的自我，他提出了环境化的自我。自由主义者所说的混沌无知的自我，是一种完全脱离现实社会的不受任何历史背景、经济文化传统影响的自我，而这样的自我可以自由选择自己的生活方式。桑德尔说，自由主义的这种自我在现实中是不可能存在的。在现实中，任何自我都必然受到各种归属的限制，我们是某一家庭、社区、民族乃至国家的成员，是某一历史文化传统的传承者。而这种社会的归属是不以人的意志为转移的，个人选择几乎不起作用。①

二是自由主义预设的普遍主义立场。这种批评的主要代表是阿拉斯戴尔·麦金太尔（Alasdair Maclntyre）。他指出，新自由主义是以康德的绝对道德命令先验地存在于所有人的内心为理论基础的，而这种理论实际上预设了一个最大的不受时空限制的普遍性，由此，新自由主义就成了一种超越时空的普遍理论。麦金太尔则认为，每个人所处的社会历史背景和社会现实是千差万别的，个人所处的不同的社会现实使得每个人都有自己的利益、道德、权利、义务观念。所以，所有的道德、政治原则本质上都是历史的，因而也就是多种多样的，那种永恒不变的和普遍的正义根本不存在。②

三是自由主义的国家中立观念。社群主义者从两方面对此提出异议。首先，他们认为作为公共利益基础的公民美德不是生来就有的，而是在社会中形成的，是通过教育而获得的，故唯有国家才能引导公民确立正确的价值观，对公民进行美德教

---

① 桑德尔：《自由主义与正义的局限》，万俊人译，译林出版社2001年版，第62页。

② 参见麦金太尔：《追寻美德》，宋继杰译，译林出版社2003年版。

育。其次，他们认为自由主义的国家中立原则有害于民主政治的合法性。由于过分强调个人自由，而不鼓励更好的生活方式，公民们就不可能达成对价值的共识，于是就无法形成共同的生活方式。而国家对此采取不干预政策，就会使个人日益缺乏对公共利益的认同，进而不愿承担相应义务，结果把国家为了推行福利政策而建立的秩序当作是对公民自由的侵害。

如上，我们看到了社群主义对自由主义的批判，那么，社群主义自身的哲学模式又是如何呢？社群主义者强调社群的公益和至善是最重要的，他们以此为出发点，要求社会应当提倡美德，民众应当为了善的目的尽义务，而国家也要积极进行福利建设，同时对民众进行教育指导以追求至善。

按照社群主义的观点，每个人都生活在某一社群之中，而这个社群则赋予社群成员以共同的目的和价值，进而形成个人的成员资格认同。所以个人的善就天然地与社群的善结合在一起，而真正的善就是个人的善和整个社群的善同时达成，也就是一种公共的善。这里看似和自由主义的功利主义论说非常相似，但是关键的一点不同是：功利主义认为每个人的利益都实现了之后，社会的功利自然就会增加，而社群主义认为每个人的善就是为了整体社群的善做贡献，所以本质上实现的是社群的善，个人的善只是因为分有了社群的善才是善的。可见，这两者的出发点完全不同。

因此，个人的善说到底就是美德，而美德这种个人品格是个体在社群中通过实践活动而历史地形成的，依靠这种品格人们在社群中得到认可，并在实践中实现个人的利益。所以，美德既是一种整体的善，也是一种公共的善。

公民的美德和善行是促进公共利益的基础，而公民的美德只有通过教育才能获得。那么，谁是教育公民的主体呢？社群主义认为是国家，唯有国家才能引导公民树立正确的价值观，并承担起对公民进行美德教育的责任。所以，社群主义要求国家不能中立，而必须旗帜鲜明地对公民进行道德和价值观教育。

通过教育，公民能够积极地参与社会公共活动，并尽可能地扩展政治参与范围，如此就会使得事关大多数人利益的国家政治活动得到大多数公民的参与，这样才能真正形成有效的民主。所以，国家应当要求公民服从其政治要求，公民也有义务去实践国家的政治需求。

通过上面的论述，我们已经了解了社群主义的基本思想，不过若我们仔细分析的话，会发现两个问题。其一，就是如何证明社群的公共之善确实是善的。如果不能证明，那么就会导致社群主义所认可的成员资格、价值观教育、国家干涉理论统统无效。这个问题说到底，就是社群主义在批判自由主义的普遍性时所采取的道德价值相对主义立场，由这个立场出发，有可能会把某一个社群自身的狭隘性顽固地保护起来，并将这种狭隘的看法当作是善的，进而造成无法对自身进行批判和拓展。在当下全球文化交流的时代，这种看法会支持亨廷顿的文化冲突论，进而造成世界的不安定。其二，社群主义是在通过自由主义而实现了民主制度之后提出的批判理论，它实际上关注的是如何完善自由主义民主制，本身很难完成一套道德哲学、政治哲学的真正建构。这是它理论上一个巨大的弱点。

比较视野下先秦儒家的群己之辨

社群主义作为西方较新的思潮，在西方道德哲学、政治哲学中具有重要地位。社群主义是在和自由主义，尤其是现代自由主义的代表人物罗尔斯（John Bordley Rawls）的对话中产生的。社群主义理论的出发点是自我观念，而他们的自我观念是通过批判自由主义的原子主义式的自我观念而形成的：人不是独立于其他存在者的孤立的理性自足的个体，而是与他人、社群乃至整个世界紧密相联的，是兼具理性、身体性和情感性等因素的复杂个体。应该看到，社群主义重视了人和社群不可分离的关系，但是他们的自我观念是一个社会学或者说人类学意义上的自我，这显然是一个现代哲学的视野。而先秦儒家的自我观念则与此不同，他们大多具有一种人性论的自我观念。

孔子作为关切人事和热衷经世的思想家，对群（群体）和己（自我）的关系，是十分重视的。因为他意识到每个具体的个人总是和社会群体相联系的。当一些"避世之士"和"隐者"劝导孔子仿效他们离群索居时，孔子说："鸟兽不可与同群，吾非斯人之徒与而谁与？"（《论语·微子》）作为个体的自我不能和鸟兽合群为伍，只能存在于群体之中，并应当在群体之中获得幸福。①换句话说，孔子已经认识到个体的自我和社群的整体是不可以分开的，更是不可能分离的。所以孔子的自我从来不是个体主义的自我，而是社群尤其是文化社群中的自我。

孟子的自我观较孔子有进一步发展。我们知道，孟子哲学一个重要的出发点就是他的人性论自我观，而孟子的自我是人性善的自我。孟子说：

> 乃若其情，则可以为善矣，乃所谓善也。若夫为不善，非才之罪也。恻隐之心，人皆有之；羞恶之心，人皆有之；恭敬之心，人皆有之；是非之心，人皆有之。恻隐之心，仁也；羞恶之心，义也；恭敬之心，礼也；是非之心，智也。仁义礼

---

① 陈卫平：《"和而不同"：孔子的群己之辩》，载《华东师范大学学报》（哲学社会科学版）1994年第4期。

智，非由外铄我也，我固有之也，弗思耳矣。故曰："求则得之，舍则失之。"或相倍蓰而无算者，不能尽其才者也。（《孟子·告子上》）

人一出生就禀受了善的本性，这是先天而不可更改的。至于有些人为恶，并不是因为他们没有善本性，而是因为受到了后天的习染。恻隐之心、羞恶之心、恭敬之心、是非之心这四者是每个人都有的，它们分别对应仁、义、礼、智四德。所以四德不是外在施加给人的，是人本性中就存在的，而我们之所以在现实实践中常常忽略它们，不过是我们不切己反思罢了。因此人与人之间品行相差很大的原因是我们能不能发现自己的良心，进而充分发挥个人的善本性。而正因为人性本是善的，所以人与人之间因为本性善而可以沟通、了解乃至形成一个和谐的社群。

孟子同时认为，每一个个体并不是孤零零地生活在这世界上的，而是每个人都有自己所生存的伦理环境，也即我们进行道德实践的场所，所以每个人都不可能离开自己所生活的社会而独立实践道德，因为那样就根本谈不上道德。因为儒家的道德是人伦道德，必须在有对象的情景中才能真正完成。因此，没有与他人相关联的人伦社会，就没有道德实践的可能，故而原子主义的自我观必然是孟子反对的。

可见，孟子在非原子主义的自我观念上与社群主义相近。不过，孟子的自我观念是一种人性论的自我观，而不是社会学或人类学的自我观。也就是说，孟子强调的是可以定性的普遍人性，这一点也是先秦儒家和社群主义的最大不同。即使与孟子相反，认为人性恶的荀子也是如此。荀子认为人的本性是好利的，因而趋向于恶，而如果放任人的本性，人与人之间就会争斗不休，这样一个和谐的社群就根本不可能实现。另外荀子认为，人之所以与其他动物不同，一方面在于人具有内在的同类间的深厚情感，所以人有组成社群的可能；另一方面，人具有理性的认识能力，能了解人与人之间如果不能和谐团结，那么个体就根本无法生存。所以，人虽然本性是会趋于恶的，但是却最终结合成了一个和谐的社群。应当说，荀子的人性论较之孟子掺杂了一定社会学或人类学的成分，但是他还是始终秉持一种普遍人性的观念，而坚定地相信普遍社群的意义。

这种普遍人性的观念，是儒家和社群主义的最大不同。社群主义因为强调每一个社群的独特性，所以容易滑向相对主义。而儒家则坚决反对此点，儒家从普遍人性的角度立论，将所有人类的存在看作一个最大的社群，且认为人类具有普遍的共同善。

儒家之所以强调群的重要意义，在于儒家从不将个体与社群分开，而且恰恰相反，儒家认为个体是群体的基础，群体是个体的结果，两者不可分离。《大学》中的"八条目"清晰展示了这一点：

> 古之欲明明德于天下者，先治其国；欲治其国者，先齐其家；欲齐其家者，先修其身；欲修其身者，先正其心；欲正其心者，先诚其意；欲诚其意者，先致其知。致知在格物。（《大学》）

《大学》首章阐明了内圣外王的思想架构，从格物到修身，可以说是明明德的工夫，由齐家到平天下，则是亲民的过程。在儒家看来，这一过程是一个逐步进行的、自然而然的、波性拓展的过程，是一个由内在的工夫逐渐外推的过程。尤其是齐家、治国、平天下三者，就是在个人修养好自己外，再把道德的心和道德的行为推扩到身边的人、国家的人以至于全天下的人。因此在儒家的社群构想中，最基础的是个体的建设，所以《大学》说得明白："自天子以至于庶人，壹是皆以修身为本。"道德修养才是最根本的，通过个体的修养可以最终实现社群的和谐。

继承曾子、子思一脉的孟子也以从自我向外扩展的过程——"推"来论述这一社群建构的过程。孟子在论述仁政的时候指出，仁政就是君主将自己的"不忍人之心"从父母兄弟

逐渐推扩于人民百姓:

> 老吾老,以及人之老;幼吾幼,以及人之幼,天下可运于掌。《诗》云:"刑于寡妻,至于兄弟,以御于家邦。"言举斯心加诸彼而已。故推恩足以保四海;不推恩不足以保妻子。古之人所以大过人者,无他焉,善推其所为而已矣。(《孟子·梁惠王上》)

> 人皆有不忍人之心。先王有不忍人之心,斯有不忍之政矣。以不忍人之心,行不忍人之政,治天下可运之掌上。……苟能充之,足以保四海;苟不充之,不足以事父母。(《孟子·公孙丑上》)

"推恩"和"扩充四端"都显示出了孟子道德哲学由自我走向社群的关键一步——"推"。正是这一步,实现了儒家思想由个体到社群的过渡。

在孟子这里,作为性本善的个人自我,显然关注的不仅是自我实现,因为那至多是低层次的善,而不是真正的至善。一个性善的个体,会把实现他人的利益看作真正的善,会把所有同胞的饥寒饱暖看作自己的事情,会把整个人类生活的好坏看作自己的分内之事,会把整个宇宙的生生道德之实现看作自己的归宿所在。只有社群的善实现了,才是我个体之善的完成。

所以孟子认为，我们自己的性善本性天然地就在本心中发用为不忍，由这种发用，我们自然就会尊老爱幼，就会爱护邻人，就会形成仁政的政治思想。而所谓仁政，就是从个体自我一步步推出来的：每个人都想要配偶，所以仁政就要求消除旷夫怨女的状况；每个人都只有吃饱穿暖才能生存，所以仁政就要让大家都吃上肉、穿上帛衣；每个人都希望有教养，所以仁政就要让所有人都接受教育。这也就是孟子所说的：

> 五亩之宅，树之以桑，五十者可以衣帛矣。鸡豚狗彘之畜，无失其时，七十者可以食肉矣。百亩之田，勿夺其时，八口之家可以无饥矣。谨详序之教，申之以孝悌之义，颁白者不负戴于道路矣。老者衣帛食肉，黎民不饥不寒，然而不王者，未之有也。（《孟子·梁惠王上》）

当然，孟子之所以会形成这样一种社群观念，也是有历史背景的，因为传统的中国社会是家、国、天下一体同构的，所以个体的确在整个社群中占据核心地位，而这种模式在本质上是一种自我超越的模式。[1]

---

[1] 德国学者卜松山对此有详细论述，参见卜松山：《与中国作跨文化对话》，中华书局2003年版，第47—74页。

与孟子相似，荀子虽然没有采用"推"的社群建构模式，但是他采用了"群"和"义"的概念。荀子认为，自然的人"力不若牛，走不若马，而牛马为用，何也？"其原因就在于"人能群，彼不能群也"（《荀子·王制》）。人看到自己的力量不如牛，自己的速度不如马，故而人认识到，人如果仅仅靠自己一个人是无法在自然界中生存的。为了生存，人类运用理性结成了群体。而且人类的群体不同于一般动物的松散群体，而是一种带有社会组织性质的群体。这样，人就通过群体团结了起来，就可以驾驭自然界松散的动物了。显然在荀子看来，人的"能群"性表明人是相互依存的，人要战胜自然就必须相互结成群体，否则独立的人无法在自然界立足，只会"离居不相待则穷"。所以从某种程度上说，人天然就是具有社会性的主体。不过，社群之内是要有所区分的，这就是"明分使群"。因为"群而无分则争，争则乱，乱则离，离则弱，弱则不能胜物"（《荀子·王制》）。这就是说，人群之内还要进行划分，还要有不同的分工和分配，因为如果没有分的话，就会造成争斗和混乱，这样群体就会离心离德，就会衰弱，也就无法战胜自然了。那么按什么分呢？

人何以能群？曰分。分何以能行？曰义。故义以分则和，和则一，一则多力，多力则强，强则胜物，故宫室可得而居也。故序四时，裁万物，兼利天下，无它故焉，得之分义也。
（《荀子·王制》）

　　分是以义为根据的，就是荀子所理解的人的认知理性和同类情感。换句话说，就是要按照每个人的理性水平和与他人的亲疏远近等来进行分工，由此就可以建立一种因人而异的分工和按能力所得的分配。如此按义而分，人们就能不争而和，和则群体巩固如一，一则多力，多力则可以战胜自然。应当说，荀子的"群""义"观的社群建构和孟子的"推"的观念有所区别。荀子是从社会组织性的角度出发，孟子则是从个体推扩而来。而荀子这种强调群即人的社会性的思想，从现代哲学的角度来看，也是非常值得肯定的。

　　不过，无论是孟子由自我而层层往外"推"的社群观，还是荀子的"群""义"的社群观，先秦儒家的社群都不仅仅局限或封闭在家庭、民族和国家，而是一直推扩到天下和宇宙。这样，先秦儒家就超越了国家、种族、文化的范围，而可以为它们的沟通、对话提供平台。这样一种宏观的视野，是社群主义所缺乏的。

　　而孟子通过性善论的自我观和"推"的社群建构模式，导向了利的实现问题——当然，这里的利是公益的利，不是私利。因为人在"推"中已经超越了私利，而天下之利的实现就是自己道德的最终实现。所以，孟子提出：

> 民之为道也，有恒产者有恒心，无恒产者无恒心。苟无恒心，放辟邪侈，无不为已。及陷乎罪，然后从而刑之。是罔民也。……学则三代共之，皆所以明人伦也。人伦明于上，小民亲于下。（《孟子·滕文公上》）

孟子在社群的角度上并不否定个体的利益，尤其是普通民众的利益，他恰恰认为需要满足普通民众的利益。不过与自由主义的纯个体主义财富观不同，孟子认为合理的土地制度是井田制，即应当把土地分为公、私两种，也就是既让民众有自己的私有财产，同时又保有一定的国有资产。这样的话，一方面百姓的生活自给自足从而基本权益能够保障；另一方面国家的财政收入也能得到保证，进而可以实行优良的福利制度。而且通过井田制，这种在一块土地中的分而治之，还能团结乡亲邻里，并培养民众的国家意识。同时，孟子还注重个体的精神需要，认为民众既需要知识、需要生命境界的提升，也需要文学、音乐的愉悦，所以孟子提出要教育民众。当然，孟子的教育不仅是知识的，更是人伦的，以求让百姓在生活中能够真正挺立起自我、真正活得像个人，同时给予他们适当的娱乐，让他们能享受到文学、音乐的快乐——这样才算是真正满足了民众的需求。

这样一种关于群己利益的认识，是先秦儒家的普遍认识，尤其体现在《礼记·礼运》中："大道之行也，天下为公，选贤与能，讲信修睦。"在这篇据说是子游学派的文献中，儒者讨论了人类社会的两种状态，一种是最理想的至德世界——大同盛世，一种是退而求其次的、现实情况也较好而易出现的——小康之世。大同社会的要点是：天下是公有的，贤能人才经过选拔成为公职人员，而普通民众也人人讲诚信、重和睦。在这个社会中，人人都尊老爱幼，使得老人能安详地善终，中青年能尽情运用自己的才华，少年儿童能健康快乐地成长，鳏寡孤独残疾人这些社会上的弱者也都能得到很好的照顾。男女皆能在社会上找到合适的职位，也能在家庭中找到心灵的归宿。在这个社会中，人们都非常讲道德，路不拾遗，夜不闭户。这当然是一个乌托邦式的理想社会的构想，但是我们可以发现，儒家心目中最理想的社群是天下为人人所有，人人也共同为了天下而贡献的。所以事实上，群己之利应当是合一，而不是分裂的。不过，现实中的很多情况是公、私相分。而在小康社会中，人们虽有私心，但这个私却只是要求实现个体的私，而不会妄图用自己的私去侵占别人的私乃至整个社群的公。能保证这样，至少社会是平等的，每个人也就是比较幸福的了。

而无论是自由主义还是社群主义，他们在利上的讨论，说到底只不过一个是个人主义自我功利的实现，一个是社群公益下自我价值的实现。这与儒家认为整体的善和个体道德之间是融通无碍的认识是不同的。儒家认为社群的善先天地内在于普遍的自我，也就是说真正的自我不是那个后天的、个别的自我，而是那个本质上具有普遍性的道德自我。这个自我决定了我们必然要超越自身的限制，来参赞社群的善，而最大的社群——天下的至善，也并不是与我们分隔的，它正是每个个体的当然之利。

先秦儒家群己之辨的现代意义

儒家和社群主义对话的可能性有三点：一是都反对自由主义的原子主义自我观；二是都重视社群的公利；三是注重个体的品德。这样，事实上有可能建立一个立足于儒家文化传统，而同时又吸收了西方民主思想的新的政治哲学模式——儒家社群民主。

儒家的自我观是既普遍又特殊的，它既摆脱了自由主义的原子主义，能照顾到个体的特殊性，又没有走入社群主义的道德相对论中。由此，社群主义的美德观念真正能立下根基，而它由美德推导出的善的国家也可以建立。儒家的社群建构不仅局限在家庭、民族和国家，还一直推扩到天下和宇宙。这样，它就超越了国家、种族、文化的范围，可以为全球化时代文化冲突的解决提供思想资源。儒家的道德是实践中的道德，是把行为规范的礼和内在的道德相结合。这样一种方式，一方面保有了道德的有限性，另一方面又具有调和性，从而最大可能地让国家和民众在传统和现代的冲突中都得到安居。

当然要实现这个目标，一是要以礼为规范，建设各种大小共同体。这其实就是用创新性的礼乐制度来调节我们的行为，让我们的生活充满了和谐和适度，以消解后现代的无秩序化。小到家庭、社区，大到民族、国家，其实都是共同体，都是一定的场合、范围和情境，它们必须得到规范，而最合适的规范就是礼。因为礼可以尽量地减少暴力，而以调适的方法来逐渐调整各个个体间的关系，从而保证社群利益的实现。二是通过社群的观念来解决文化冲突的问题。当两种不同的文化相遇时，我们首先要肯定双方作为人的平等性，也就是基本性善的普遍性，然后再考虑文化的特殊性，以求同存异、共生共存。因为儒家把整个天下看作一个大的社群，而每个文化为其分子，所以社群整体善和每个文化体价值的实现将有可能从冲突转向融合。

另外，先秦儒家通过群己之辨确立了普遍性的自我观，而这个自我观先天地意味着一种对自我的超越；同时儒家的社群观念又使个体被整个天下、宇宙所容纳。所以，因着儒家社群的自我超越的自我观，可以证成义务优先、道德优先和目的优先，这使得我们把生态环境纳入自我认识中来，于是我们便可以在一个非人类中心主义的视野下关注生态环境，并给予它更多的关怀。相应地，儒家的整体性的社群观，通过齐家、治国的递进方式，逐渐导向天人合一的最大社群公利，这使得我们可以完全将自己投入生态环境中去，并为了实现那最终的整体之善而努力。同时，儒家重视礼乐制度建设的基本思路令生态建设和整体善完成的实现成为可能，"克己复礼"可以让每个个体按着生态文明观念来努力克制自己的人类中心主义，礼乐教化可以让环境保护成为国家社群的价值取向，而"天下一家"观念可以让各个文明、各个社群通过对话协同起来，以对治整个地球的生态问题。

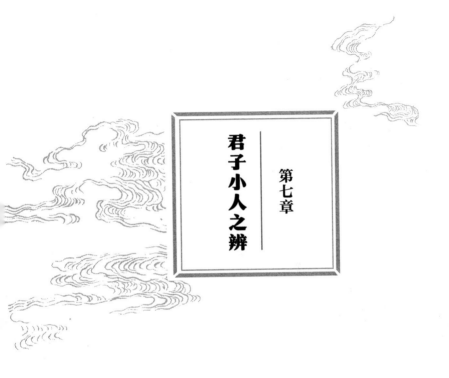

第七章

君子小人之辨

如果说群己之辨确立了儒家道德哲学在公共社群和私人个体间的道德选择与道德规范的话，那么在这一确立的基础之上，儒家进一步融合自己的道德诸项目而形成了道德人格论。在上一章中我们指出，儒家一方面强调社群的整体公利，认为公利才是真正的利，另一方面也强调整体的公利必须落实到活生生的个人那里，所以每个个体的价值也得到充分的肯定和确立。因此，儒家的道德人格既强调个体对社群的服务意义，又认为个体一定要挺立自身的道德主体性。儒家正是综合了这两方面的思考，而形成了君子小人之辨。

君子小人之异

　　春秋中期以前，"君子""小人"二词一般用作对人们身份的描述。"君子"指统治者，包括天子、诸侯国国君和贵族。"小人"指被统治者，即劳动生产者（庶民百姓）。春秋中后期，君子、小人概念的传统含义虽然还在使用，但出现了与传统概念本质不同的新内容：君子概念开始承担道德与文化素质诉求，小人概念的变化与君子概念的变化一致。于是，"君子"逐渐开始表达一种道德人格存在的意义，与人的出身已经没有必然联系，这表明作为社会精英的君子应当由道德优良、才干突出的精神贵族构成，他们凭借个人素质获得社会的良好评价，获得君子的称号和地位，而不再以出身论君子。个中原因，一是古代中国历史由贵族制向官僚制的演变推动了君子概念的变化；二是先秦文化中出现了"人"的觉醒，人的作用、人的责任和人的力量被突出，人的精神价值得到尊重；三是孔子的"有教无类"将学术文化下移和普及，使得文化走向平民化。

之所以孔子在这一历史过程中贡献重大，是因为孔子自身对君子小人之辨有清醒而深刻的认识。孔子指出：

君子怀德，小人怀土；君子怀刑，小人怀惠。（《论语·里仁》）

君子喻于义，小人喻于利。（《论语·里仁》）

君子时时刻刻以道德为自己的关怀所在，而不像小人那样以物质私利为追求目标。因此对于君子来说，生命中真正具有意义的是自己道德的修养和推扩自己的道德于社会、国家和天下。

孔子指出，"君子食无求饱，居无求安，敏于事而慎于言，就有道而正焉，可谓好学也已"（《论语·学而》）。作为君子，其生命是为了学道，因而不应当在意自己的温饱。因为孔子的学问是成人、成德之学，不是一种职业之学，所以人经过学习后，并不能确保物质利益的获得，却可以达到君子人格的养成和个人修养的提高。因此，一个君子是不会汲汲于功名利禄的，并且如果一个人虽然学习，但其所求只是物质之利，而非真正的为己之学，也即学问在他那里不过是一个获得利益的工具罢了，那么这样的人当然不是君子，只能是小人。所以当有人问孔子他门下的弟子谁最"好学"的时候，孔子说颜回最好学，这是因为颜回完全不顾及自己的温饱，即使只有少量的饮食，仍对孔门之学、之道乐在其中，这才是真正的好学，也才是真正的君子。

显然，君子是有内在价值的，小人则不是。所谓"君子喻于义，小人喻于利"，即是君子、小人的根本差别。君子有内在的道德价值作为主体性的内核，而小人则没有真正的主体性，只是追求外在的物质、虚名。所以孔子说："君子求诸己，小人求诸人。"（《论语·卫灵公》）君子向内求其生命的意义，小人则向外求。就这句话来说，"求"可以有两方面的含义。一方面从积极的意义上来说，是指君子凡事都靠自己，自做主宰，这也就是《易传》的"天行健，君子以自强不息"，或者如孔子所说，"譬如为山，未成一篑，止，吾止也。譬如平地，虽覆一篑，进，吾往也"（《论语·子罕》）。小人则与之相反。另一方面，"求"也指探求自己失败或犯错的原因。君子是如《中庸》里所说的："子曰：'射有似乎君子，失诸正鹄，反求诸其身。'"君子立身处世像射箭一样，射不中，不怪靶子不正，只怪自己箭术不精，即有不利自己的事件发生，君子首先要从自身找原因。小人则会向他人那里去求原因，即怨恨他人。

而真正的君子正是求得了孔门之道——仁，所以君子在一定程度上是仁者，但还没有成为真正的仁者。为什么这么说？就在于仁者在孔子那里被视为一个极高的人格，甚至达到了圣王的境界。但君子正是仁者之基，仁者是由君子做起的。"君子欲讷于言而敏于行"（《论语·里仁》）包咸注："讷，迟钝也。言欲迟而行欲疾。"朱熹引谢良佐注曰："放言易，故欲讷；力行难，故欲敏。"《论语》中尚有许多同义句："慎言其余，则寡悔"（《论语·为政》），"古者言之不出，耻躬之不逮也"（《论语·里仁》），"君子耻其言而过其行"

（《论语·宪问》）等。显然，一个君子是必须能将其内在的道德主体性"推"到实践中去完成其人格所当做的事情的，也正因如此，君子必然是重行慎言的。这就是说，君子要言行一致，少谈空话，多做实事。因为儒家之学是实践的学问，所以真正的学习一定是亲身去做，把孔子教导的德行亲自付诸实践中。如果夸夸其谈，那就只是皮毛，甚至可以说是背离孔子学说的。儒学从一开始就是践履的学问，所以真正的君子是一定要去实践道德、实践儒家学问的，否则就是伪儒，就是小人。

因着君子和小人在实践上的不同，他们在群己关系或者人际关系上也差异极大。"子曰：'君子周而不比，小人比而不周。'"（《论语·为政》）所谓"比"，就是扎堆、结党营私，搞小圈子、小团体，然后党同伐异，容不得别人、异见的存在；所谓"周"，就是"君子不党"，君子对别人尊重，认为他人与自己是平等的，所以不会欺凌他人，而是平等广泛地与人相交，即所谓"君子之交淡如水"。

所以君子正如《中庸》所说："君子素其位而行，不愿乎其外。素富贵，行乎富贵；素贫贱，行乎贫贱；素夷狄，行乎夷狄；素患难，行乎患难。君子无入而不自得焉。在上位，不陵下；在下位，不援上；正己而不求于人则无怨。上不怨天，下不尤人。故君子居易以俟命，小人行险以侥幸。"君子因为有了内在的主体性和主体价值，所以会安于他目前所处的位置，并按照他这个位置所要求的做他该做的事情，而不羡慕其他的在自己地位以外的东西，更不会去做越等、越位的事情。自己身处富贵，那就做一个富人该做的事情；自己身为贫贱，那就做贫贱者应做的事情；自己身处患难，那就做患难之中应做的事情；自己身处荣华，那就做荣华者当做的事情。所以君子无论在哪里都感到悠然自得，因为他能自得其所。因此，君子在上级位置的时候，不会欺压下级；在下级位置的时候，不会阿谀上级。他只会端正自己而不求于别人，所以也就不会怨恨别人。对上天不怨恨，对他人不厌恶，因之君子能安分守己地静等时机；小人则会做冒险的事情，以求在其中获得特殊的利益。因此，君子"有诸己而后求诸人，无诸己而后非诸人"（《大学》）。君子要自己先做到了，才会去要求别人；要自己先没有某种过错，才会去要求别人也不要有同样的过错。

何谓君子人格

君子小人之辨是先秦儒家持有的道德哲学理念，他们进一步论述了一系列有关君子人格的详细内容。

所谓君子人格，是孔子总结春秋时期多位贤人的高尚风范而形成的。孔子将春秋时期一批能够内修其德、外依礼乐的士大夫推为君子，如郑国的子产、吴国的季子等。这批人不以自己的世袭血统或地位高贵自许，而是追求德行和德政上的成就，他们的人格气象为孔子所称道、为儒家所传承。孔子推重子产，"子谓子产：'有君子之道四焉：其行己也恭，其事上也敬，其养民也惠，其使民也义。'"（《论语·公冶长》）子产注重自我修养，认为："夫令名，德之舆也。德，国家之基也。"（《左传·襄公二十四年》）同时，子产对国家、人民非常忠诚，他说："苟利社稷，死生以之。"（《左传·昭公四年》）由此，他对待君主能不卑不亢、时常劝谏，对民众能勤政爱民、施行德政，尤其是他能重视来自民间的声音。他特别反对别人"毁乡校"的建议："何为？夫人朝夕退而游焉，以议执政之善否。其所善者，吾则行之。其所恶者，吾则改之。是吾师也，若之何毁之？我闻忠善以损怨，不闻作威以防怨。岂不遽止，然犹防川，大决所犯，伤人必多，吾不克救也。不如小决使道。不如吾闻而药之也。"（《左传·襄公三十一年》）在季札、臧文仲等人的身上，也都体现了君子重德行、重公利、以民为本的众多优良品格，所以陈来指出，"春秋时代仁人志士的思想和行为，共同构建了一种文化与道德的遗产。影响一个民族文化的，不仅是有识者提出的伦理思想和德行体系，更有实践这些价值理想、身体力行的体现这些德行的贤人君子。他们的道德榜样和他们的言论一起，成为影响后世的重要文化资源，从而在不同的层次上成为后人的道德典范和人格范型"[①]。孔子的君子人格正是在这一基础上提出的。

对此人格，作为先秦儒家著作的《易传》也颇有论述，而其论述的模式则是从天人关系的角度将君子人格予以了提升和拓展。《易传》云："天行健，君子以自强不息。地势坤，君子以厚德载物。"儒家按照"推天道以明人事"的思维模式，认为：天的运行刚健有为，相应于此，君子处世也要力求进步，刚毅坚卓，永不停息；大地的状态厚实和顺，所以君子也应当增加美德，宽广胸怀，容载万物。自强不息就是要永远坚持努力、追求进步，如清儒顾炎武所说"有一日未死之身，则有一日未闻之道"，只要生命延续着，君子就要担当起传承仁道的责任，所谓"士不可以不弘毅，任重而道远，仁以为己任"便是如此。厚德载物就是要积累德行，让自己的道德日益完善，同时胸襟也越来越宽广，这样对待万物就能无有私心，对人也才能做到孔子那样的"温良恭俭让"。能做到自强不息与厚德载物这两点，就穷尽了《周易》的乾坤之道，而乾坤就是天地，所以也就穷尽了天地之道，那样就是君子了。

孟子对君子人格有进一步的发展，不过他的君子人格更突

---

① 陈来：《古代思想文化的世界》，生活·读书·新知三联书店2002年版，第30页。

出一种宏大刚正的气象，这就是孟子的"浩然之气"以及"大丈夫"的观念。孟子说：

> 其为气也，至大至刚，以直养而无害，则塞于天地之间。（《孟子·公孙丑上》）

浩然之气是天地间充满的一股盛大、刚强的气，它要以义去培养。"其为气也，配义与道；无是，馁也。"（《孟子·公孙丑上》）浩然之气是要与义与仁道相配合的，没有这些它就会萎缩了。"是集义所生者，非义袭而取之也。行有不慊于心，则馁矣。"（《孟子·公孙丑上》）它是由连续的"义的积累"而形成的，而不是偶然的一次正义行动就能取得的。行为如果有愧于良心、违背了义，浩然之气就会萎缩。可见，浩然之气并不是一种物质性的气，它纯是一种因义的道德行为积累而形成的气质或气场。这样一种无形的东西就是浩然之气。在孟子看来，要养成浩然之气需要注意三点：勿正、勿忘、勿助长。勿正，就是不要刻意去培养它，因为浩然之气本身是由行仁义而自然形成的结果，从某种程度上说，它是进行儒家人格修养的当然产品，如果一味地以它为目的，反而是舍本求末了。勿忘，就是虽然不能以它为目的，但是心里还不能忘掉它，不忘掉它就是不忘掉要以浩然之气的气象来时刻要求、省察自己，不能让自己具有猥琐之气、偏邪之气。勿助长，就是不能违背规律地去盲目助长它，因为浩然之气的养成是与道德实践相匹配的，是一个渐进的过程，需要道德实践的积累和自身修养的提升。若想用特殊的方法、工夫走捷径式地去妄图实现它，那么就只能形成外强中干的结果，这反而有害了。因此孟子认为，只要我们时刻进行道德践履，不断地将仁义予以实践，每天都用一定的时间来反思自己，就能积累自己的正气，久而久之自然就具有浩然之气了。而有了浩然之气，我们就可以成就自己完满的道德人格——"大丈夫"。

"富贵不能淫，贫贱不能移，威武不能屈。此之谓大丈夫。"（《孟子·滕文公下》）大丈夫是一种刚正不阿、正气凛然的人格，是完全按照道德和礼制去做事情的人，是恪守心中的道德自律和社会礼仪规范的人。这种人是最符合正义、正当原则的，他们不会为任何其他的东西所动摇和屈服，因为他们本身就是大道的代表、正气的所在。而一般人所畏惧的权贵，在孟子眼中不过是通过投机取巧、阴谋诡计的方式，来谋取较高的地位、拥有较多的资源，从而控制、威胁其他人罢了。他们本身并不是正义的，做事情也不是按照正当的方法去做的，所以他们根本算不上大丈夫、君子。其实他们就是追求富贵的，所以他们容易被诱惑；就是惧怕贫贱的，所以他们本来的志向早就动摇了；就是屈服于武力的，所以他们才相信用武力也能使别人屈服。这样的人，内心实际非常软弱、空虚，他们只是小人罢了。

一个君子因为内在价值的主体性，其一生都是为道义而努力的。但是，现实的限制使得他的志向并不一定能得到实现。所以孟子指出，君子要"穷则独善其身，达则兼善天下"（《孟子·尽心上》）。一个君子应始终崇尚道德、以仁义为乐，所以当他在自己名声不显、志向未申的时候，要提高自己的修养，让自己自觉践履道德之善，实现自己人格的提升；而在自己的政治抱负得以实现、可以一展身手的时候，要将善推行于天下，由自己一人的善推广到天下的善，那就是要为百姓谋福利，让天下人都过上富裕安康的生活，这样天下人才会都去实践道德，只有这样，才能使道德的善由自己一身而扩充到全天下。可见，一个君子无论穷困还是显达，都要一方面以道德严格要求自己，让自己时时刻刻践履道德，另一方面要忧国忧民，思考如何通过改良政治，使得天下百姓过上幸福的日子。只不过在君子穷困的时候，无法"兼善天下"，所以只好尽力提升自己的道德修养；而显达的时候，君子对外显露得更多的是政治措施，自己的道德是化入政治实践中而成为德政的。这并不是说君子穷困的时候就不考虑天下的事，显达的时候就不顾及自身的道德。

荀子在君子人格观念上基本是对孔子和孟子的继承，他同样认为，君子始终是以道德为依归的。如果君子得位可以执政，则"在邦美政"，若命运不好只能做个学者的话，那么也要"在乡美俗"，尽一己之力于乡里的民风教化①。

君子之养成

冯友兰先生曾指出，孔子"讲学的目的，在于养成

---

① 关于荀子的君子小人观，吾敬东曾在《由精英而大众：荀子与孔孟伦理思想之别及其意义》［载《上海师范大学学报》（哲学社会科学版）2006年第6期］一文中，尝试比较了孔、孟、荀的君子小人观点及其背后的哲学意义。他认为，荀子的伦理思想与孔子和孟子的伦理思想的区别，主要表现在其更注重大众伦理而非仅仅是精英道德。这种特点和区别反映在荀子伦理学说的一系列核心概念上，荀子之"礼"与孔孟之"仁"两个主要概念的不同显示了大众伦理与精英道德之间的分野。"性恶"说是大众伦理学说的生物学论证；"群分"说是大众伦理学说的社会学论证；"伪"或"礼义"理论构成了大众伦理的核心内容和基本定位；通过"化（教育）"提供实现伦理的教育途径；通过"法（法律）"提供实现伦理的法律保障。此外，在"义利""君子小人"问题上荀子也提出了更符合大众而非精英的看法。可以这样讲，荀子至少在理论上实现了由精英道德向大众伦理的转换，这正是荀子伦理思想的意义或价值所在。这种说法有一定新意，但是否成立尚值得商榷。

'人'。"①即孔子之学要养成的是君子，也就是如何让自己
不堕落为小人。孔子认为，"君子怀德，小人怀土""君子坦
荡荡，小人长戚戚"。君子因为有了道德的内在价值，所以不
再是个易被外在所局限的人，而小人则总是被物质性的外在所
牵引，故此局限性极大。因此要想成为君子，首先要破除这个
局限性。《论语·为政》中记载了孔子这样一句话："君子不
器。"意思是说一个具有了君子人格的人，是一个不限于一端
一艺的通人。器，指称的是一个有用但其用有一定限定性的
人，因此，"君子不器"的意思是君子不仅仅是器，君子超越
了器的限定性。孔子曾指出儒者有"君子儒""小人儒"的差
异，这其中的关键，就在于君子儒是以德为依归而通达六艺之
大旨的，小人儒则虽然有儒门六艺中一技一艺的才能，却没有
一以贯之的孔门之道。所以一方面，孔子并不否定一个儒者、
君子要有实际的用处，比如对最得意的弟子颜回，孔子曾说：
"用之则行，舍之则藏，唯我与尔有是夫！"（《论语·述
而》）显然，箪食瓢饮的颜回，并不是个无能之辈，而是个具
有治世大才的人，只不过其才干之高已不局限于某一具体方面
了。但是另一方面，"子曰：'君子易事而难说也。说之不以
道，不说也；及其使人也，器之。'"（《论语·阳货》）在

---

① 冯友兰：《中国哲学史》，华东师范大学出版社2000年版，第44页。

孔子的思想中，道德高尚而能力广泛的君子，是应当成为治国者的，而有具体限定性能力的人，即器，则只能服务于君子。所以，一个君子必须实现两个超越，一是能力上突破具体的限定，二是道德上达到一定的高度。

而要达到君子，则要在文、质两方面入手，此即"文质彬彬，然后君子"（《论语·雍也》）。所谓文，就是外在的礼乐文化修饰；所谓质，就是内在的朴实的道德善端。因着质，君子始终以道德为根本，于是其所喜、所乐、所忧、所惧全在于此，而不再为外在名利等因素所困扰，可以达到忧乐圆融的境界；因着文，君子的情感、行为皆符合礼乐，从而显出和乐安泰的外在气象来。

就君子的质的工夫一面来说，子路曾向孔子询问什么是君子，孔子最初回答道："修己以敬。"子路再问，孔子又答道："修己以安人。"子路不满足，进一步追问，孔子最后答道："修己以安百姓。修己以安百姓，尧、舜其犹病诸。"（《论语·宪问》）可见在孔子这里，君子这一人格需要从自身的道德工夫做起，先修养好自己，然后由自己的仁心向外推扩，在政治上逐渐实现全民的康宁安乐。因此，一个君子通过修养最终能真正摆脱个人一己欲望的限制，实现无欲则刚，于是"君子坦荡荡"（《论语·述而》）。内在的道德充盈，使得他不再为外在的物质所拘束，从而"内省不疚"，于是"不忧不惧"（《论语·颜渊》）。

就君子的文的工夫一面来说，君子要经过"博文约礼"的学习和在学、思之间的磨荡，从而对礼乐文明有详尽的把握，这样一方面他掌握了礼乐文明的内在核心——仁，另一方面又对礼乐文明有全面的了解和恰当的应用，从而他的情感发抒、行为动作、举止言谈，既会充满了礼俗的传统韵味，又会具有充沛的内在基础和完美的外在表现。于是他会显示出与那些没有修习过礼乐文明之人的巨大不同。所谓"君子和而不同，小人同而不和"（《论语·子路》），君子与人相交有争议但不会失去风度，更不会为了迁就别人而丧失自己的标准；"君子泰而不骄，小人骄而不泰"（《论语·子路》），君子的人格高尚、风度翩翩，却不会因此而骄傲、轻视他人，所以他就越加显得不徐不疾、气象安然。

总之，在孔子看来，通过文、质两方面的工夫，一个人就可以使自己内在的道德充沛、外在的行为宽裕，从而"文质彬彬"，实现君子这个既具有理想性、又具有现实性的人格目标。

孟子在孔子的基础之上，将君子人格的养成进行了更加心性化的处理。他所讲的"求放心""不动心"等都是修养成为君子的方法，而其中最重要的就是他继承子思《中庸》的天人思路而形成的"尽心""知性""知天"，以及"存心""养性""事天",即人要竭尽自己的"本心"——善本心的发用之能力,由此就可以"知性"——普知他人乃至万物之本性,而这本性又来源于天,所以人最终可以"知天"。通过"尽心""知性""知天"后,人就明了了自己在宇宙中的地位,明了了自己应当怎样与天道相合,于是就能"存心""养性""事天";也即可以时刻保存培植自己的善良本心,由此培养、滋润自己的本性,进而行动就可以时刻依循天道了。对这样一个以人合天的过程,孟子表述为:"尽其心者,知其性也。知其性,则知天矣。存其心,养其性,所以事天也。"(《孟子·尽心上》)再具体到实际操作来讲,可以分解为两方面的工夫:消极的是克制自己的欲望,从而保持心性的纯洁,这既是存心,也是养性;积极的是穷尽、推扩"四端之心",让我们的仁义礼智"四端之心"都充分发用,从而事事合乎天道,这既是尽心,也是事天。总之,孟子认为"万物皆备于我",天道就蕴含在每个人的心性之中,所以理想人格——君子的实现,并不是去外面求索某个东西,然后按着它去做,而是反观内心的本真心性,从而让自己的善良本心自觉发用,这样就可以逐渐实现君子人格了。

如果说孟子的心性修养工夫的君子养成论更多是从质的道德本性一面来着手的话,那么荀子的君子修养论则更多地从文的礼乐文明养成入手。荀子特别强调学,所谓"学不可以已。青，取之于蓝，而青于蓝；冰，水为之，而寒于水。木直中绳，輮以为轮，其曲中规。虽有槁暴，不复挺者，輮使之然也。故木受绳则直，金就砺则利，君子博学而日参省乎己，则知明而行无过矣"（《荀子·劝学》）。因为荀子将人性视作需要加以打磨和转化的对象，所以学就是使人从原始的本性转化而成君子的方法，也就是说人要想成为真正的君子，就必须学习。而对于学习，荀子认为：一是要勤学儒家经典，不可心思旁骛；二是要持续积累，"不积跬步，无以至千里；不积小流，无以成江海"；三是要注意环境，去除坏的影响，"其质非不美也，所渐者然也。故君子居必择乡，游必就士，所以防邪辟而近中正也"；四是要"学不可以已"，学习永无止境，不可以停下来。这里要指出的是，荀子重视学，认为学习甚至是人修养的唯一方法，因此他特别反对空洞的思："吾尝终日而思矣，不如须臾之所学也。吾尝跂而望矣，不如登高之博见也。登高而招，臂非加长也，而见者远；顺风而呼，声非加疾也，而闻者彰。假舆马者，非利足也，而致千里；假舟楫者，非能水也，而绝江河。君子生非异也，善假于物也。"（《荀子·劝学》）我们知道，在孔子那里是"学而不思则罔"，是讲究学、思并重的，但是荀子因为既面对百家争鸣的现实，又由于他自身理论中的礼乐制度来源于外在，所以他更强调学的绝对重要意义。而所学的内容为："始乎诵经，终乎读礼。"

具体说来就是"书者，政事之纪也；诗者，中声之所止也；礼者，法之大分，类之纲纪也。……礼之敬文也，乐之中和也，诗书之博也，春秋之微也，在天地之间者毕矣"（《荀子·劝学》）。《尚书》记载的是政治经验，《诗经》《乐经》记载的是中和之声，《春秋》记载的是微言大义，而《礼经》记载的则是制度的大纲和道德的设施。所以学习就是要学习这些经典，它们可以让我们了解和习得先王的治世、修身之道，可以促进我们自身的道德修养和政治实践，从而最终让我们成为一个君子。可见，经学的学习在荀子这里被推崇到了无以复加的高度。

总之，避免成为自私、自利、自我封闭的小人，成为一个超越小我而通向大我的君子，是儒家在道德人格方面的一个普遍认同，儒家还提供了丰富的方法来实现这一目标。但是，成为君子就能保证道德在生命中的一贯性和完满性吗？显然不是。生命中有太多外在的、不可控的因素在影响着我们，因此儒家的道德哲学必须面对这一问题，这就是义命之辨。

第八章

义命之辨

君子小人之辨确立了儒家的人格境界，但人的生命在此并没有达到完满。因为人生不可避免地面临着命运的问题，即人道必然要和终极的天道发生关系，所以如何理解这两者的关系，决定着儒家对道德与生命关系的终极考虑。对此，儒家形成了以义命之辨为主要范畴的道德哲学思考。

　　对这个问题的回答可以追溯到春秋时期的"三不朽"观念。《左传》载："太上有立德，其次有立功，其次有立言，虽久不废，此之谓不朽。"人都是有生有死的，人也都想要获得生命的延续。不过与西方人、印度人的灵魂不朽观念不同，中国古代一些贤者认为人死不能复生，身体与灵魂最终都会归于沉寂。那么人的不朽如何实现呢？就在于他生的时候留给后世的东西。如果他给后世留下了不朽的东西，那么他自己的生命就是不朽的了。然而什么东西能不朽呢？中国古人认为，最上等的就是道德。一个人在活着的时候依道德做事，成为道德上的完人，他就足以成为万世的楷模，他的人格就可以永恒不朽。其次一等的是功业，人活着的时候能用一颗公心做事情，为国为民奉献自己的生命，就会功在千秋，余泽流布后世，自己也就随着功业而不朽了。最后一等的是论说，人在活着的时候对宇宙、人生以及治国、安民这些永恒的问题提出一套理论，成为一家之言，可以为后人提供借鉴，让后人继续思考，那么个体的生命也就寄存在这些哲思之中，而永远传流在世界上了。由此我们看到，这样的一种不朽观念并不需要个体生命的永恒存在，而是个体为整个社会、世界做出了贡献，这个贡献具有永恒的意义，则这个个体就因着它而不朽了。所以中国古代的仁人贤者常将不朽寄托于当世，也即要努力使自己在道德上进步，向着圣贤的方向努力，时时刻刻实践道德的要求，让自己在道德中践行生命。这样，他们就能成为一个全面的、完善的人，而具有了这样人格的人就可以超越时代的局限而不朽。这样一种道德人格而非灵魂的不朽观念，显然是一种相当理性的生死观，这使得中国古人在处理义命之辨时并不会屈服在强大的命运面前。

孔子："知天命"

孔子曾说自己"五十而知天命"，所以孔子对命运或者终极关怀是有深刻思考的。"子曰：'君子上达，小人下达。'"（《论语·宪问》）孔子说"士志于道"，一个士人以"道"为自己生命的最高目标和最终追求，在行道的道路上，士人既要有恒心、有毅力、有任重而道远的自觉，也要有对物质享受的鄙弃。由此，一个君子就可以逐渐上达于天命、天道。

那么，孔子是如何理解天道的呢？我们在第一章已经有所论述，这里再进一步展开。

子曰："天何言哉？四时行焉，百物生焉，天何言哉？"（《论语·阳货》）

首先，天是不说话的，这就表明天不是一个人格神，与西方那个常对人讲话的"God"不同。其次，天虽然不说话，却有莫大的作用，四时、万物都因之而行。然而这种行不是一种人格神式的命令其行，而是一种近似冥冥意志的自然而然的行。因此，"God"是一个意志神，中国的天却是一个自然而然又带有一种形而上意味的至上概念。最后，天的这种无声无息而自然作用、生化万物的本性，并不与人分裂，恰恰是人本来应具有的和最终应达到的天性与境界。所以孔子也要无言，即以自己的一动一静来显示天人之道，并不需要说话，只需静默地去行便是。这可以看作孔子意义上的天人合一。可见，孔子认识中的天，是一个非人格神的、至上而以自然生化为本的、与人处于一个世界之中并作为人道之则的最高概念。而这样一种认识，在很大程度上奠定了中国人后来理解的天，即中国人不再将天看作自己所在世界之外的另一个世界的神，因此，中国古人供奉的神灵都不过是人间世界的延伸罢了。所以中国人认为通过自己的努力，效法天道、以天为则，就可以最终实现人生的最高境界——天人合一。

同时，孔子因为自己一生的坎坷经历，意识到在这个世界上确实有自己力量之外的外在限制。因此孔子认为，人必须在终极信念上有一种理解。这就是孔子的"畏天命"（《论语·季氏》）。孔子的天命观是对命运之天的义理化处理，"子畏于匡，曰：'文王既没，文不在兹乎？天之将丧斯文也，后死者不得与于斯文也；天之未丧斯文也，匡人其如予何？'"（《论语·子罕》）这个天显然是道德义理之天和命运之天的结合。我们知道，孔子晚年喜欢《周易》，并曾说"加我数年，五十以学《易》，可以无大过矣"（《论语·述而》），而他之所以特别重视这部关于占卜命运的书，就在于他在其中发现了永恒普遍的真正的命——德义。《周易》这部卜筮之书在孔子这里被视作关于德行和天道的书，而在出土文献《要》篇中，孔子将《周易》的成书归为周文王："文王仁，不得其志，以成其虑。纣乃无道，文王作，讳而辟咎，然后《易》始兴也。予乐其知之。非文王之自作《易》，予何知其事纣乎？"在孔子看来，《易经》是文王将其以德义事商纣的忧患思考以卜筮的方式记录了下来，因而孔子认为《周易》中最深层次的含义就是学者可以通过《周易》"观其德义耳也"，"吾求其德而已，吾与史巫同途而殊归者也。君子德行焉求福，故祭祀而寡也；仁义焉求吉，故卜筮而希也"。孔子认识到命运之天是对个体而言的，而义理之天则是普遍永恒的，因而就一个人的生命来说，其生死富贵固然受制于命运之天，但是如果他能认识并时时刻刻实践道德仁义的话，那么他就与义理之天相合，因此也就超越局限性而达到了普遍与永恒，也就无所谓命运不命运了。所以，孔子说："不怨天，不尤人，下学而上达。知我者其天乎！"（《论语·宪问》）不对命运之天抱怨、不对他人怨尤，而一心在德行上下功夫以达到仁道，这样最终就能与义理之天相合。达到了这样一个认知，才算"知天命"，而只有知了天命，才能使工夫修养彻底地滋润自己的身心，使自己达到身心愉悦而自由的最高境界。孔子的"四十而不惑，五十而知天命，六十而耳顺，七十而从心所欲不逾矩"（《论语·为政》），正是对此的真实写照。"'不惑'以前之工夫，皆用在自觉意志之培养上，'知天命'则转往客体性一面。'不惑'时已知义，再能'知命'，于是人所能主宰之领域与不能主宰之领域，同时朗现。由是主客之分际皆定，故由耳顺而进入从心所欲之境界。"[①]也因此，"知天命"后自然会"畏天命"，不仅命运之天限制自己真实的生命，如果自己不去努力践行德行的话，还会始终与义理之天相违，而这样人的生存、生活就缺少一个终极信念，也就无法在现实生活中真切体会到人生的意义。

孟子："正命"

孟子在孔子的基础上进一步深化了对命的讨论，他指出："莫非命也，顺受其正。是故知命者不立乎岩墙之下。尽其道而死者，正命也。桎梏死者，非正命也。"（《孟子·尽心上》）"莫非命也"似乎是说人完全被命所决定，但其实"顺受其正"表明了人面对必须要面对的遭遇时的态度。如何面对

---

① 劳思光：《新编中国哲学史》（第一卷），广西师范大学出版社2005年版，第102页。

呢？就在于一个人是否"尽其道"："尽其道而死"就是"正命"，反之未"尽其道而死"就是"非正命"。那么什么是"尽其道"呢？所谓"尽其道"就是竭尽人的最大主观努力去实践道德、完善生命。"立于岩墙之下"，明知有危险，却消极等待，不赶紧躲开，这是不善待生命；"桎梏"则是不符合道德原则，为非作歹。这两者都是未能"尽其道"，所以其结果都是"非正命"。但如果是为了道德实践和人格的完善而不得不献出生命呢？孟子和后来的儒家都认为，这也是"正命"，因为这是在"尽其道"这个大前提下的不得已的选择。所以"顺受其正"就是说人应当安心接受其正当行为所带来的结果，而其前提是一定要做正当的事情。

可见，孟子并不是甘心接受命运安排的宿命论者，他只是强调在道德实践和人格修养之外，还有一种对人的限制，那就是无限的宇宙和无法预知的未来。君子就是要做到"正命"，也就是按照道德本心去生存、生活，然后安然等待其结果。一个人如果不甘心，从而刻意地去探求未来的事情，比如求签算卦，那正是一种不知命的表现，也就是"非正命"了。儒家普遍认为"善占者不占"，真正善于算命的人是通晓了天道的人，既然通晓了天道，按着天道去做就是了，何必还去算命呢？儒家一贯承认有命，但是不强调命运，而是强调人的道德实践。因为人道的实践在达到极致后仍旧无法解决的是终极的命，对于它，人只能安然处之，这也就是"正命"了。一个人到达了那个地步，其实也就实现了自己的最高价值，而那终极的命，不过是对他生命价值的一个衬托罢了。

所以在道德和生命发生冲突的时候，孟子坚定地选择道德，因为这是人终极的命，是"正命"。"生亦我所欲也，义亦我所欲也，二者不可得兼，舍生而取义者也"（《孟子·告子上》），所讲即是如此。孟子认为人的本性都是善良的，都是道德自律的，在这个根本点上，普通人和尧舜没有区别，"人皆可以为尧舜"。而人们之所以没有成为尧舜，就是因为人们没有真正地依照本心去实践自己的善良本性。孟子曾区分"不能"与"不为"："挟泰山以超北海"这是"不能"，而"为长者折枝"则是"不为"。道德实践就是为与不为的行动选择，而不是能不能的事情。因此，只要我们从当下的道德实践做起，并一直坚持下去，那就可以逐渐趋近于尧舜了。因此孟子说，成为尧舜那样的圣贤很简单，就是以我们的善良本心为师，时时刻刻按照它的指引去行动，人的生命的意义也就在于此。

因此，"天下有道，以道殉身；天下无道，以身殉道。未闻以道殉乎人者也"（《孟子·尽心上》）。儒者在天下政治清明的时候就终身行道，在天下统治黑暗的时候就为道献身，而始终不应当以牺牲道来迎合人。人应当始终坚持对道的持守，这非常不容易，危难时可能要献出生命，平常时也可能要牺牲前程。但正因为其难，能实现者才是人格上的完善者，才是君子。而一个君子，也就是正确地选择了追求什么、舍弃什么的人。

所以孟子特别指出：

故天将降大任于是人也，必先苦其心志，劳其筋骨，饿其体肤，空乏其身，行拂乱其所为，所以动心忍性，曾益其所不能。（《孟子·告子下》）

孟子本身是以救世者自许的，他说过："五百年必有王者兴，其间必有名世者。由周而来，七百有余岁矣。以其数，则过矣；以其时考之，则可矣。夫天未欲平治天下也；如欲平治天下，当今之世，舍我其谁也？"（《孟子·公孙丑下》）孟子相信，如果上天想要在当世让天下得到治理，那么只有孟子自己能担负起这个重任。而自己若最终没能实现治平天下的抱负，那也是时也、运也、命也，是无可奈何的，但他自己是无愧于心的。正是有了这样一种抱负和志向，孟子认为，要真正实现这个理想，他自身必定是要经受艰难困苦的磨炼。可见，一个君子人格的养成，必然要经受磨炼，否则就无法坚定意志、完善能力，人格也就不会健全。

故而当孟子论述他的幸福观念的时候，多指的是一种道义上的幸福。

孟子曰："君子有三乐，而王天下不与存焉。父母俱存，兄弟无故，一乐也。仰不愧于天，俯不怍于人，二乐也。得天下英才而教育之，三乐也。"（《孟子·尽心上》）

孟子的乐是一种人格品质的乐，是一种建立在非物质基础上的乐，是一种心灵的真正舒适自在的乐。换句话说，孟子的乐是一种道德境界层次上的心灵体验，并因此带给自己一种自给自足的充实。孟子的乐事有三。第一乐事是父母兄弟都健康平安、没有灾祸，这是一种天伦之乐。这本来是一种人普遍的自然期望，但为什么孟子会特别重视呢？因为在家庭中孝悌是道德的基础，人能很好地践行孝悌之道，就实现了人之所以为人的基本，而它就会带给人一种道德实现的充实感。第二乐事是人能做到"反身而诚，乐莫大焉"。也就是说，人能做到诚实无欺，就获得了极大的快乐。因为人的言行举止只有合乎了自己良心的要求，才能做到问心无愧，才能获得心灵的安宁，否则将会终日惴惴不安，何谈快乐呢？这个乐，也是人们因道德上没有一丝一毫的亏欠，而感觉到自己生活的真实与美好，所以会快乐。 第三乐事是儒者能教育天下英才，开启他们的心智，解答他们的疑惑，传授给他们知识，看到他们成长起来并把儒家之道弘扬开来，且最终泽惠于百姓。这对君子来说，当然是人生的一大快乐。这个乐是因为道不仅没有在自己身上断绝，而且得到了进一步的传承，并且在现实中得到了广泛的认同，所以儒者为道的兴盛而快乐。

我们看到，孟子的三乐由道德的基本实践到道德的终身完成，再到道德的弘扬传承，都是以道德实践为核心的。因为在孟子看来，人之所以为人就在于人有道德，而且唯有实现了道德，人才算完成了自我"人"的构建。因此只有道德的实践才会带给人真正的快乐，这是一种自我得到实现、自我得到完全充实之后的大完满。故而他的快乐是大快乐、真快乐，一个君子追求的应当是这种快乐。

荀子："天职"与"人职"

荀子在思考义命之辨时，也是将其放在整体的天人关系中去考察。不过正如本书第一章所述，荀子对天人关系的理解与孟子有较大的不同。荀子认为，"天行有常，不为尧存，不为桀亡"（《荀子·天论》）。显然，荀子把他所理解的天和孟子的义理之天进行了分离，他的天成了与道家意义的天比较接近的自然之天。在荀子看来，天的运行是一个纯粹自然的过程，其中既没有道德规则，也没有主宰的意志，所以它是既不会因为尧舜这种圣君的存在而存在，也不会因为桀纣这种暴君的存在而消亡的。也就是说，天与人遵循两种规则，天、人不同：天有天的职责，人有人的能力。天的职责就在于"不为而成，不求而得"，也就是自然而然地生化天地万物。而人的能力就在于发现和利用天运行中的规律，来展开人的生活。自然界的各种事情都是天的自然变化而已，比如流星陨落、树木发出怪声，这些不过是自然中比较稀奇的现象罢了，与人事无关。而人世中的治乱则是人自己行动的结果，与天地自然也无关。

区分了天、人的差别之后，荀子认为，天和人各有各的职能，所以也应该各做各的事情。在天尽其责、人尽其能之后，就达到了天人相参，也就是天人合一了。具体到人本身来说，自然赋予了我们耳目感官，这叫"天官"；赋予了心灵知觉，这叫"天君"。我们积极运用自然赋予我们的这些能力去认识自然界，就叫"知天"，进而以此来治理万事万物，这就实现了人的作用。具体来讲，荀子认为，"从天而颂之，孰与制天命而用之"（《荀子·天论》）。与其顺从并歌颂所谓的天意，不如通过发现天道、统理天道来完善人类自身的生活。在荀子看来，天的职责就是做它该做的事情，人的职责就是做人该做的事情。天要生养、化育万物，人自然也要生养、化育自己的后人。人不该去赞颂天、崇拜天，因为即使去崇拜、赞颂也毫无意义，天还是该怎样就怎样。因此，人当做的就是想办法让自己的人格更完善，让自己的社群秩序更好。人若能很好地将人道当做之事予以完成，便是实践了人的天道，也便是"与天地参"了。

可见，荀子的天人合一是从一个特殊的意义上说的，即人将自然赋予自己的独特能力予以发挥，从而与天一样各司其职，这恰恰就符合天的自然而然之意了。这与孟子的"尽心""知性""知天"不同，与《周易》的"各正性命"也不同，这是基于人的认识与实践能力的一种天人合一思想，是一种超出了个人道德修养范围的天人合一观。而在这个合一观下，荀子为人类活动留出了具体的空间，让人不会被天遮蔽，从而更加突出了人的实践与作为的重要意义。

因此，在荀子这样一种天人关系的理解中，义与命也就不冲突了，而是并行的两个领域的事情，人应当做的是知其分别而安之若素。人的义就是发用自身的能力而提升人格、实行仁道、践履礼乐，这是人道；人的命则是天的不可知的一种外在限定，那是人所无能为力也不应当试图用力的范畴，那是天道。所以知天、人相分，则知义、命无法互相作用；而知天人相合、各有其位，则知人当尽其义，而不必在意所谓命。

《易传》儒者：天人合一

　　《易传》作者受孔孟的影响极大，他们的思路基本延续了孟子的模式，对思孟学派的思想予以了更加天道论的解释，所以他们对义命之辨也持一种"正命"的观念。正如朱伯崑解释的，《周易》这部书提出了人们对自己的处境和现状应时刻抱有警惕之心的忧患意识，由此形成了中华民族的生存意识和生活智慧，而这种忧患意识成为中华民族的精神之一。也正因此，在道德生活和人生观中，人们根据忧患意识提出了在危险和困境中将个人得失置之度外，坚守自己的理念和做人准则的"唯义所适"的义命观，这是古代学人安身立命的依据。[①]《易传》正是对《周易》这种忧患意识和生活智慧的继承和发展。

　　所谓"乾道变化，各正性命"（《彖传》）。乾道就是万物生生之道，这是自然运行的规律。而由于万物各有秉受，所以万物各有其品性和各自的存在状态，这就是万物的"各正性命"。作为人来讲，就是天地生化了每个人，赋予了每个人生命、性格以及与此相应的命运。这说明，任何人都是不由自主地来到这个世界的，而人既然来到了这个世界上，那就被赋予

---

① 朱伯崑：《易经的忧患意识与民族精神》，载《北京大学学报》（哲学社会科学版）1997年第1期。

了相应的责任，任何一个人都要对自己、对家庭、对社会、对自然负责。这就是"乾道变化"的公共性。而又因为每个人禀赋的不同，也就是天地在生成人的过程中，既赋予了每个人以共同的东西，也有不同的东西，这就是"各"。所以，每个人都应当探求自己存在的意义，发现自己的特长，由此立下自己的志向，将自己的特长发挥到极致，这就是"各正性命"。从某种角度来说，这正是一种"天人合一"的思维方式：我们本身就是天所造就的，天道本就不在我们身外；我们需要做的就是尽天所赋予我们的本性和特征，将它们时时发用且发用到极致。由此，我们就实现了天道，也就是与天合一了。

天道并不是没有内在价值的，《易传》作者认为"复，其见天地之心乎"。复卦是从剥卦发展而来的，体现了剥极必复的自然规律，其卦象最底下为阳爻，上面为阴爻。而"天地之心"则指这个世界的本质在于化生万物、大化流行，因此"天地之心"就是天地生物之心，是活泼泼的生命力，与人的仁心相似。复卦的一阳初生于下，就代表了天地间阳刚正气回复、万物生机萌发的"天地之心"。而这正表示了天人之道是合一的，即都以生生之仁为本。张载在《横渠易说》中论《复》卦曰：

《复》言"天地之心"……心，内也，其原在内时，则有形见，情则见于事也，故可得而名状。……剥之与复，不可容线，须臾不复，则乾坤之道息也，故剥尽即生，更无先后之次也。此义最大。

《易传》作者并不是从个体角度来了解生命，而是从宇宙整体的角度来体察。一个个体生命完结了，另一个个体生命却继承着它存在下去。就像人类的代代相传，整个宇宙更是如此。宇宙，就是生命在无穷的空间中进行着无尽的繁衍，这就是宇宙的真谛，也就是"天地之心"。所以复卦的"一阳来复"正是表明了生命没有终结、总是不断延续的这样一个观念。也正因如此，我们自己的个体生命固然是有限的，但它却是无限的宇宙整体中一个不可分割的部分，所以从根本上来说它也是无限的。这种天人合一的生命观，是一个更宏大视野上的义命合一观，它向我们揭示了人类生存的真实意义所在。

总之，先秦儒者的义命之辨普遍采取了一种最初将义、命分离但最终统一起来的观念。先秦诸子中庄子的观点与儒家比较相似，或可算儒家的同调。庄子认为，人要"审乎无假而不与物迁，命物之化而守其宗也"（《庄子·德充符》）。人应当明了事物的本然而不追随其变迁，要掌握事物变化的命运而守其根本。命运及其带来的变化是庄子面临的大问题，这个问题以生死的形式鲜明地呈现在人们面前，因为生死是人的一生所面临的最大变化。在庄子看来，生命无非是气的聚散，是命运的自然而然，其变化过程与草木的荣枯、日月星辰的晦明变化没有不同，人们为生死而劳神是十分"赔本"的事情。因此庄子在他妻子逝世的时候领悟到生死的奥秘，并为妻子的死亡"鼓盆而歌"。在庄子眼里，妻子的死亡并不是不好的，而是她已然回到了涵育万物的本源之处，携春夏秋冬四时而行，无忧无虑，所以我们根本不必为死亡悲哀。当然庄子也并不是主张主动放弃生命，而是提倡顺应自然的过程，并且能够"尽其天年"。显然，命运是庄子所承认的，但他反对把命运放置在一个阴暗面，并为了它哀痛不已，而是要坦然面对事物必然的命运，积极地承认它。所以说，庄子在面对命运时所采取的态度与儒家类似，是一种通过理性思考和智慧反省，来抚平外在命运限制带给人的创伤的命运观。这样一种观念与墨家的"天志""非命"观念截然不同，墨家过度从现实的功效主义角度考虑问题，所以将命运处理成外在"天志"的结果而失去了其真实客观性与深刻主观性，同时又将"天志"的存在理解为现实可判断、可把握的。这就片面遮蔽了命运的意义，而将生命中不可名状的深层意义予以了抛弃，进而把生命彻底客观化为"天志"命令下的简单机械的德福合一。而这显然难以符合生命的本真性，墨家的"天志"观念最终无法在后世广泛传播的一个理论原因，或许正在于此。

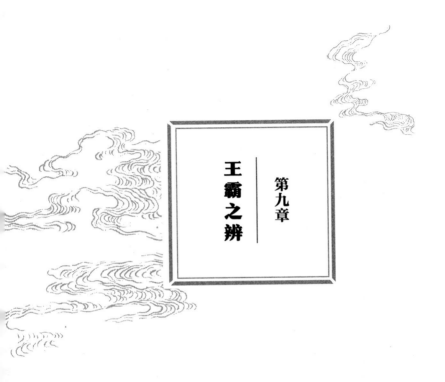

第九章

王霸之辨

儒家的道德哲学并不仅仅以道德为目的，最终还要通向建设良好的社会和政治秩序。所以，儒家的道德哲学天然与政治哲学相通，因而无论是仁礼之辨、义利之辨还是群己之辨、君子小人之辨，其实都已经蕴含着儒家政治哲学的基本意涵。在我看来，儒家道德哲学通向政治哲学最重要的一步，就是儒家的王霸之辨。王霸之辨奠基于此前先秦儒家的道德哲学诸辨，而应用于政治哲学之中，同时也是儒家对政治的最核心和最具特色的看法。因此本书在讨论道德哲学的以上几辨之后，便将儒家政治哲学的最基础的王霸之辨纳入考虑，以作为从道德哲学通向政治哲学的桥梁。这既是儒家哲学自身特性所决定和容许的，也是对我进一步研究的铺垫。

　　所谓王道是中国文明早期即出现的一个政治观念，用以形容上古三王时代的优良政治，《尚书·洪范》曾记载商朝的遗臣箕子对周武王讲的上古流传下来的九条治国之道，即著名的

"洪范九畴"，其中有云："无偏无党，王道荡荡；无党无偏，王道平平。"这句话属于"洪范九畴"第五"皇建其有极"的部分，是箕子着力阐释的一点。所谓皇极，就是统治者的准则，其内容主要是赐福于民、选用贤才、以直道行事。只有这样的君主才能"作民父母，以为天下王"，因此"无偏无党，王道荡荡；无党无偏，王道平平"即表示统治者需大公至正而无有偏心，更不会为了自己的私利结成利益集团，且要为天下人的公利而努力，这也是王者的中道。只有走这条为公的正路，一个国家才能治理得好，而缺失了这一点，就会造成国家的混乱衰败。

孔子羞言霸道

先秦儒家对王霸之辨的讨论始于孔子，孟子就曾指出"仲尼之徒无道桓、文之事者"。孔子在对自己弟子的教导中，多次谈到王道政治和霸道政治的区别。在孔子看来，政治至少有两种模式："道之以政，齐之以刑，民免而无耻；道之以德，齐之以礼，有耻且格。"（《论语·为政》）即有以刑罚政令为主的政治和以道德礼仪为主的政治，而孔子认同的是后者。这段话事实上可以看作孔子政治思想的总纲，不仅表达了他自己的政治主张，而且言明了自己反对的政治制度。

孔子认为，依靠政治强力、国家机器和法律刑罚来统治人民，虽然能使人民因为害怕惩罚、顾虑犯罪成本而不去犯罪，但会使人民只以功利的算计为出发点，从而失去羞耻心，失去道德的自律。所以只有依靠道德的感召力和礼乐的软性矩范，才可以使人民重新具有羞耻心和道德自律，从而自觉地去端正自己的行为。对这两种统治方法的严格分判，是孔子政治理念的核心。

孔子之所以这样认为，是因为他处在春秋末年那个"礼崩乐坏"的时代，感受到的是古典高尚精神和德性政治的沦丧，他看到的是诸侯们为了一己私利，以高压的政令和严苛的刑罚强制推行一系列所谓致富强、广土地的政策，导致人民在"苛政猛于虎"下生活得十分悲惨。因此他秉持着对周公所代表的古典精神和德性政治的信仰，以及对现实政治的强烈批判，提出要以德治国，不能以法令治国。因为在孔子看来，法令只是个工具，是个必须以其他理念为内在精神的工具，如果不能在法令之上建立更高的道德精神，那么，法令就只会流为个人或特权阶层的工具。

而且孔子虽然没有明确提出性善论，但其实在他的哲学思想中，是相信人性是光明的。所以他认为，良好的政治是要将人自身的德性激发出来，并依此而行。故而在具体的治理中所需要的就是礼仪制度的节文，以使得人们的行为更具有普遍性和规范性。这种思路就是王道的思路，而与霸道乃至后世法家的思想大异。在法家看来，人性是自私自利、趋利避害的，所以统治者要想治理得好，就必须采取严刑峻法，用威逼利诱的手段来对付人民。这样，法令就成了一套阴狠惨毒的统治术。无奈中国历史上大部分的统治者们，都随着秦始皇明里暗里学了这一套。其实，即使相信人性是阴暗的，也并不一定就走到法家这一条路上。西方近代以来虽然受基督教的影响相信人是有原罪的，但他们也由基督教相信人是有自由意志的、由古希腊哲学相信人是有理性的。因此，他们能在法上贯注一种更高的精神，这样就避免了法只成为统治术，而使之真正成了一套具有客观性与公共性的制度。这表明，儒家所坚持的不能简单地以法令治国这一理念是正确的。

而最能反映王道和霸道区别的是以下两段文字：

子贡问政。子曰："足食，足兵，民信之矣。"子贡曰："必不得已而去，于斯三者何先？"曰："去兵。"子贡曰："必不得已而去，于斯二者何先？"曰："去食。自古皆有死，民无信不立。"（《论语·颜渊》）

子适卫，冉有仆。子曰："庶矣哉！"冉有曰："既庶矣，又何加焉？"曰："富之。"曰："既富矣，又何加

焉？"曰："教之。"（《论语·子路》）

　　一方面，孔子并不反对富庶的价值。就正常状态来看，孔子认为人民的富足是很重要的，治国先要满足人们基本的物质需求，再满足精神需求。另一方面，孔子认为一个国家的治理之道，最根本的还是精神上或者说道德上的建设，因为如果在非常时期，一个没有建立起民众之"信"的国家是根本无法存在的。也就是说，治理国家最根本的还是要从德上进行，若德上有欠缺，即使其他功业很高，也无法达到真正的治世。因此从治道的角度讲，王道和霸道虽都认可富庶的价值，但是能否在这个基础上再进一步，则是其根本差异。所以一方面，我们看到孔子是赞赏管仲和齐桓公的事业的，"桓公九合诸侯，不以兵车，管仲之力也。如其仁！如其仁！"（《论语·宪问》）"管仲相桓公，霸诸侯，一匡天下，民到于今受其赐。微管仲，吾其被发左衽矣！岂若匹夫匹妇之为谅也，自经于沟渎而莫之知也。"（《论语·宪问》）孔子认同齐桓公代天子行令而使天下得以获得安宁，同时抵御外族军事和文化侵略的伟大功绩，甚至他认为齐桓公的初心都是好的，此即"齐桓公正而不谲"（《论语·宪问》）。但是另一方面，孔子始终对霸道保持着一份清醒，他深知霸道和王道有很大差距，所以他说"齐一变，至于鲁；鲁一变，至于道"（《论语·雍也》）。以齐桓公为代表的霸道无论怎样尚不是礼治，所以比鲁国还要差上一等；而鲁国虽然保留着礼治的传统，但是已经丧失了德治的精神，因而也不是王道。所以要从霸道转到王道上来，既需要礼治的重建，更需要德治的复兴。

因此在孔子看来，真正的王道政治是从德治上推导出来的无为而治："为政以德，譬如北辰，居其所而众星共之。"（《论语·为政》）而这一代表就是舜帝，"无为而治者，其舜也与！夫何为哉？恭己正南面而已矣"（《论语·卫灵公》）。王道政治的德政是通过道德教化来引领社会和个人的自我治理。而在这一过程中，孔子并非不关注政治的实际操作和制度的具体建构，只不过孔子采取了一种从人本身上去"正名"的方式："季康子问政于孔子。孔子对曰：'政者，正也。子帅以正，孰敢不正？'"（《论语·颜渊》）孔子认为政治的意思就是端正，即去恶存正，所以需要统治者自身以身作则。如果统治者自身是不良善、不正义的，那么靠制度在很大程度上并不能保障与实现良好的政治。因此，子路问孔子："卫君待子而为政，子将奚先？"孔子回答："必也正名乎！"所谓"正名"即"名不正，则言不顺；言不顺，则事不成；事不成，则礼乐不兴；礼乐不兴，则刑罚不中；刑罚不中，则民无所措手足。故君子名之必可言也，言之必可行也。君子于其言，无所苟而已矣！"（《论语·子路》）王道政治需要做到名正言顺，也就是制度和德行的完全协调、合一，用现代的话说就是法治和德治的真正相符合、相一致。当然，这含有一定的理想性在里面，但这确实是儒家最高的政治理想。儒家始终认为，制度虽然重要，但制度背后的人才是最根本的因素，人的问题不解决，良好的政治是无法实现的。所以，孔子认为必须要通过正名的方式来将道德和制度统一起来。不过孔子主张的王道并不是一件容易实现的事情，所以他说："如有王者，必世而后仁。"（《论语·子路》）要想实现王道政治，至少需要一代人数十年的努力，当然现在看来，孔子的预想还是有些简单了。

王道乃民心所向

孟子全面继承和发展了孔子的王霸之辨，深入区别了王、霸，同时以此为基点批判现实政治，构思理想政治。

在孟子看来，王霸之辨的基本点就在于是否具有"道"，也就是孔子所说的"鲁一变，至于道"的"道"。孟子认为"得道者多助，失道者寡助"，"天时不如地利，地利不如人和"（《孟子·公孙丑下》）。孟子认识到政治、军事都是由非常复杂的因素构成的，其中有天的因素、地的因素、人的因素，但根本的是人的因素，因为人的因素与"道"相贯通。换句话说，孟子认为在政治上具有一条亘古不变的定律，就是谁能获得道义的制高点，谁就能获得天下人的帮助，从而取得政治上的成功。也就是说，要使天下人臣服，靠的不是坚甲利兵。讲道义、行仁义的人，帮助他的人就多；背信弃义的人，帮助他的人就很少。"得天下有道：得其民，斯得天下矣；得其民有道：得其心，斯得民矣。"（《孟子·离娄上》）得道就是要得到民心，因为民心就是政治上的道义标准。也就是说，民心就是政治的风向标，因此为政者当始终以民心向背为标准来进行统治、制定政策。真正的治国者要始终保持和民心在一边，来面对共同的敌人——贪官、污吏、奸商等。而如果治国者忘掉了自己的立场，为了短时的利益和贪官、污吏、奸商等站在一起，那么就将站在民心的对立面，最终被人民所推翻。

因此，孟子王霸之辨的核心就是从是否真正得民心展开的：

以力服人者，非心服也，力不赡也；以德服人者，中心悦而诚服也。（《孟子·公孙丑上》）

所谓霸道，就是以国家的实力为基础，加强军事，开拓疆土，兼并其他国家，春秋五霸就是如此。所谓王道，则是以道德教化为基础，不追求国家的军事实力和疆域开拓，而是以仁心来推行仁政，使老百姓过上安居乐业、富足幸福的生活，尧、舜、禹、汤、文、武、周公都是如此。显然，霸道政治的起点是君主对利的追求，或者说是企图实现自己的野心。在他们眼中，人民是工具，军事实力是基础，战争是手段，疆域是目的，为了最大限度地实现他们自己的权力欲，可以无所不用其极。然而这种以强权和暴力进行的征服，并不会使被征服者心悦诚服。因为征服者只能给被征服地的人民带来无穷无尽的痛苦，所以被征服者心中永远会有一种复仇的渴望。而王道政治与霸道政治则恰恰相反，它的起点是君主的"不忍人之心"，也就是人心中本性的善，由此，君主便推行"不忍人之政"，即仁政、德政。统治者以人民生活的幸福美满为目的，不片面追求疆域的开拓和实力的强大，反而能吸引各国人民对其国度的向往和欣羡，甚至希望由他来统治自己的国家。对于民众而言，吃饱穿暖是最起码的要求，在此基础上，人们会追求更多的物质享受和内心的幸福感。在战国那个战争频仍的时代，不去扩张，不对人民横征暴敛，致力于让人民安居乐业，就是极其难得的明主了，人民自然而然要去这样的国度生活。因此，与霸道的邪路相比，王道才是正途。

可见，孟子在他的王道政治中始终坚持的原则是："民为贵，社稷次之，君为轻。"（《孟子·尽心下》）这句充满了民本思想的话语可以视作王道政治的集中体现。孟子认为，一个国家最重要的是百姓的安居乐业、幸福，是人民的公利；其次才是这个国家的利益，比如国土完整、国家尊严等；而最不重要的，是统治者或统治阶层的利益。因为统治者之所以能成为统治者，是因为他"得乎丘民"，也就是得到百姓的拥护，所以统治者得以建立其合法性的原因不在于他自己，而在于他能为百姓做事情、对国家有益。一旦他不能做到这些，甚至对国家有害并剥削欺压百姓的时候，百姓就有权推翻他，建立新的政权。

所以衡量政府好坏和统治者优劣的标准，不在于霸道层面的制度法令的制定、各种工作的开展，而在于王道层面的百姓利益的实现和百姓幸福感的达成。孟子说过，"王者之民，皞皞如也"（《孟子·尽心上》），在圣王统治下的百姓是感到心情舒畅的。其原因就在于圣王是为百姓利益着想，而不是为自己所处统治集团的利益着想。

至于如何获得民心，孟子指出，"若民，则无恒产，因无恒心"（《孟子·梁惠王上》）。统治者要让老百姓有恒产，也就是要有固定的可以保值的资产。人民的生活一定要有稳定的保障，否则的话，心就不会安定，不安定就会去做一些不好的事情，甚至于犯罪，而这将会使他们受到法律的制裁。显

然，孟子认为百姓遭受刑罚的原因并不在于百姓自己，而在于
统治者。是统治者没有尽职尽责让百姓过上富足的生活，真正
的犯罪者其实是统治者。所以，统治者有责任、有义务让百姓
有稳定的、充裕的生活保障，让百姓手里的资产上可以孝顺父
母、下可以养育妻儿，无论年景如何，都能过上安稳的日子。
这样的政府才是好的，才能让百姓顺从自己。假如百姓手里的
财产既不够孝顺父母，又不够养活家庭，而且年景好时不幸
福，年景不好时更有丧失生命的危险，那么这样的政府就无法
使百姓听从自己，只会激起民变。所以要想治理好国家，就要
从根本做起，即让百姓有稳定的生活来源和固定的财产。为
此，孟子提出了均田地、减赋税等一系列措施。当然，这一目
标的实现并不是王道的达成，而只是王道的基本点。

　　孟子之所以强调王霸之辨的关键在于人民的心服与否，这
与孟子的道德哲学、政治哲学是由性善论的人性论和性由心显
的心性论推扩而来直接相关。因为在孟子看来，王道或仁政
并不是外在的孤立的政治领域的事情，而是内在道德本性的
当然和必然要求，所以孟子认为王道不过是一个"推"的过
程："老吾老，以及人之老；幼吾幼，以及人之幼。"（《孟
子·梁惠王上》）孟子的道德哲学、政治哲学的核心就在于
"推己及人"四个字，而出发点就是每个人都有的善良本心。
孟子说："先王有不忍人之心，斯有不忍人之政矣。"（《孟

子·公孙丑上》）古代的圣王们之所以能治理好国家，最关键的是靠他们的道德本性之显现。因为他们不忍看到百姓受苦，所以才运用各种治国方略和制度来为百姓服务，让百姓过上了好日子。于是国家得到治理，他们自己也被称为王者。故而治理国家的根本就在于统治者的本心。因此，当齐宣王问孟子自己是否可以统一天下、成为王者时，孟子认为当然可以。因为孟子曾听说有一次齐宣王坐在朝堂上，恰逢有人牵着要被宰杀祭祀用的一头牛经过，这头牛哀鸣不已，齐宣王非常不忍心，就让人把这头牛放了。在孟子看来，齐宣王对牛的不忍之心，如果能发用到百姓上去，就能够使百姓安宁而自己成为王者。因为齐宣王内心本有的仁爱之心是活动的，是常常显露的，所以只要齐宣王能把这颗心运用到对待百姓上去，就可以使百姓安居乐业，也就能使天下归心了。因此孟子认为，治理国家就在于能够推己及人，能够把自己的恩德仁爱推广到天下人，这样统治者自然就会得到天下人的爱戴，国家就会治理得好；而如果他不能推广自己的恩德，那么就会招致天下人的怨恨、反对。的确，一个国家的治理虽然很大程度上要依靠制度，但不可否认的是，居于统治阶层的那一部分人的用心也是十分重要的。如果他们能够像孟子所说的那样，以"不忍人之心"推己及人，施行"不忍人之政"，那么这个国家的治理就是一件值得期待的事情了。

王霸与制度

荀子虽然在人性论及心性论上和孟子差异很大，但是他同样强调王霸之辨，始终保持着儒者的基色。而荀子论王霸之辨的特征是，他在进一步强调民心之重要性的同时，也认识到王道与霸道在制度建构上是非常不同的。

荀子关于民心向背之说的最重要一语是荀子从古书中引出的。"《传》曰：'君者，舟也；庶人者，水也。水则载舟，水则覆舟。'"（《荀子·王制》）荀子以古语来比喻人民和统治者的关系：人民如水，统治者如舟，统治者治国如水上行舟。所以作为国家的统治者，要想治理好国家，一定要好好对待人民，了解到人民是自己得以存在的基本条件，进而认识到自己并不仅仅有使用人民的权利，更有要善待人民以及满足人民需求的责任与义务。那么作为水的老百姓一般有什么需求呢？首先，就是要能保证自己基本的温饱；其次，百姓还想要有所发展，过上更好的生活。因此，统治者治国应当：

选贤良，举笃敬，兴孝弟，收孤寡，补贫穷，如是，则庶人安政矣。庶人安政，然后君子安位。……故君人者欲安，则莫若平政爱民矣；欲荣，则莫若隆礼敬士矣；欲立功名，则莫若尚贤使能矣；是君人者之大节也。三节者当，则其余莫不当矣；

三节者不当，则其余虽曲当，犹将无益也。（《荀子·王制》）

　　荀子从作为国家的统治者的角度论述了统治者的基本责任：要选拔优秀的人才，褒扬忠厚有德者，提倡孝悌之德，收养鳏寡孤独，赈济贫穷难民，从而让老百姓安居乐业。而只有老百姓安居乐业，统治者的位置才能坐稳。

　　而这里荀子所提到的三点——"平政爱民""隆礼敬士""尚贤使能"，是荀子对王道政治制度的基本思考。这三点都是他从历史经验中总结的。荀子认为：

道不过三代，法不二后王；道过三代谓之荡，法二后王谓之不雅。衣服有制，宫室有度，人徒有数，丧祭械用皆有等宜，声则凡非雅声者举废，色则凡非旧文者举息，械用则凡非旧器者举毁，夫是之谓复古。是王者之制也。（《荀子·王制》）

　　在荀子看来，治理国家的大道不外乎夏、商、周三个朝代的治道，而治理国家的大法不外乎周朝的礼法制度。治国之道如果在三代之外就是流荡，治国之法如果不合乎周礼就是错误。如何穿衣服要有制度，如何建造宫室要有规则，用人的数量要有限制，器具的使用要有规矩，音乐不雅的要废弃，颜色不正的要禁止，工具不正规的要毁掉，这叫复古，也就是王者治国应有的制度。可见，荀子的外王学，尤其是他的礼法学，和孔孟的差异并没有表面看起来那么大。他的想法还是延续了孔子的思路，按照周朝的遗存进行一些改良即可，这和法家是有根本性差异的。只不过，荀子更加关注政治治理、政治制度本身，从而显得和孔子、孟子的说法有些差别。所以说，无论是孔子、孟子还是荀子，事实上都是所谓的改良派，而不是法家那样彻底的革新派。荀子之所以这样看待治国，一方面是因为他认为古代圣王是看到世间的纷争，才运用智慧设立了一系列礼仪法度，所以这些礼法是具有长久意义的；另一方面，社会人心的变化是很小的，因此古圣先王的制度仍然有其适用性。故而荀子认为，治国之道仍要以周朝的方法为基础，然后加以适当的改良就可以了。而周朝治国的根基在于礼，所以荀子的思想也以礼为核心。只不过，为了适应改变的形势，他在礼中又加入了一些法的因素。

　　不过在荀子的王道理念中，最重要的还在于统治者"制名"，所谓"圣也者，尽伦者也；王也者，尽制者也"（《荀子·解蔽》）。这个"尽制"其实很大程度上是从"制名"角度来讲的。"故王者之制名，名定而实辩，道行而志通，则慎率民而一焉。"就是说统治者制定了名之后，实际的内容就确定了，这样治理就可以施行，统治者的想法就会实现，于是他谨慎地率领人民就可以使天下安定统一了。所以王道的关键就是"制名"。然而名本来是约定俗成、没有绝对标准的，因此统治者一定要在这上面谨慎地去做，只有准确无误地确定了名分，才能实现王道统治。可见，"王者尽制"就是把名分的确立做到最好。荀子特别重视这一点，是因为他发现社会之所以混乱，就是因为人们都不按自己所对应的那个名去做事。这其中固然有人的因素，也有名本身混乱或者是名的内在规定不明确的原因。所以荀子认为只要确定了名分，即每个人在哪个位置上该做什么，然后以此进行要求，就可以治理好国家了。比如臣子可以做什么、不可以做什么，君主该做什么、不该做什么，都要确定下来。否则，就是君不君、臣不臣，那样国家自然会大乱。我们在这里可以看到孔子"正名"思想的影子。不过荀子的名显然比孔子的名范围要广大得多，他的名狭义地讲是名分，广义地讲则将礼法制度都包含在其中。所以荀子实际上是要通过"制名"来将整个政治制度进行一番改革：确立政治中每个人的职责，明确设立政治制度和公布礼法的准则。这样就能让天下人有位可立、有法可循、有制可依。荀子这种对制度的重视，在儒家中是少见的，却是很重要的。而王道政治，正是把"正名"的礼治做到极致。

可见，荀子的思路是真正的制度建构的思路，而法家看似重视制度建设，实际上并不是纯政治的制度。我们从韩非子的思想中即可看出。韩非子认可的王者政治是："明主之所道制其臣者，二柄而已矣。二柄者，刑德也。"（《韩非子·二柄》）在韩非子这里，政治的一大关键点是君主对臣民的控制，而其总纲是"循名责实"，也即运用刑、德二柄对臣民进行控制。"杀戮之谓刑""庆赏之谓德"，就是用赏罚来威逼利诱臣民，让他们俯首帖耳地为自己服务。所以，法家的治理并不像一般人想象中的那样重视制度，或者说他们的制度并不是正常的政治制度。"明主之国，无书简之文，以法为教；无先王之语，以吏为师；无私剑之挥，以斩首为勇。"（《韩非子·五蠹》）可见，真正的法家之治是：不能有名文的宪章典制，这样老百姓就无所依循，而只能遵守法家所制定的严刑酷法；不能有先王之道和诸子百家的议论，这样老百姓就不会再高谈阔论，而只能一心一意地去生产劳作，使工作效率更高；不能有民间的比武，从而让老百姓把对勇的追求只能放到战争中去杀敌。这样建构起来的国家，就是在没有战事的时候，老百姓都守法而努力工作；而在有战争的时候，老百姓就会英勇杀敌。这就是法家理解的明主之国。在这样的一个国家里，需要禁绝异端、他者的言论，让人们只能按照干枯的法令办事，只能听命于官吏的指挥。

法家的这种治道正是儒家批判的对象，因为它是一种绝对意义上的霸道。它利用了法家理解下的人类趋利避害的本性，强调君主一定要把赏罚的权力牢牢掌控在自己手里，从而用君主的权威来进行专制的统治。当然，法家的霸道不反对国家富强，反而更重视国家的富强。在某种意义上，法家思考的出发点正是国家这一共同体的善或利益，而君主也不过是这一善的集中体现和反映。但是法家是可以为了所谓的国家富强，不惜千万百姓的幸福和生命，而成就一个虚幻的共同体的利益，但吊诡的是，这个虚幻的共同体的利益，最后却实实在在地落到了现实的君主身上。所以法家的治道，最终把政治的阴暗面完全释放了出来，成了为广大统治者提供的一套阴险的统治术。换句话说，法家之治的结果，是人们都成了统治者和国家富强这一美丽谎言下的听话的工具。人们完全成为大机器上的齿轮，只能过着备受国家机器压迫的悲惨生活。这就使中国社会中本来具有的民本思想和士大夫的独立、自主精神，在后来的历史中无法继续展开。可见，儒家和法家在道德和政治认识上有根本性的区别。但是近两百年来，因为西方在政治、军事、文化上的强势与极度的压迫，我们不得不深刻反思自身文化的问题，其中一个重要观点就是儒家和法家共同塑造了传统专制主义的中国，故此儒家和法家乃是一体之两面。但我们应当认真梳理儒家和法家之间的关系，以厘清它们关于人的道德生活和政治生活的重要理论差别。否则，我们将无法真正面对这一纠缠着古今、中西的哲学问题，也无法彻底把握儒家道德哲学乃至政治哲学的特质。

第十章

儒法之辨

之所以将儒法之辨作为本书的结点，在于儒法关系乃是先秦哲学中具有终结性的问题，对于理解此后两千年中国政治传统中的儒法关系具有重要价值。而儒法关系的核心点就是荀子与法家的关系。近代以来，学者们对荀子的评价呈现两极：一面是将之视作儒家与法家结合的恶劣结果，从而要他为两千年的学统不彰甚至政治不良负一定责任（此以谭嗣同、熊十力为代表[①]）；另一面是将荀子视作进步的，原因是其思想靠近唯物主义和法家（此以郭沫若以及一批教科书为代表[②]）。在我看来，这两种认识都是极端的，但说明了一个问题：荀子思想中有很多与法家相近的因素。那么，荀子还是儒家吗？或者，

[①]　参见谭嗣同：《谭嗣同全集》，中华书局1981年版；熊十力：《韩非子评论；与友人论张江陵》，上海书店出版社2007年版。

[②]　参见郭沫若：《十批判书》，东方出版社1996年版。

具有了法家因素的荀子，在何种意义上仍然是儒家？而法家的这些因素，在其思想中又起到了什么作用？这一系列问题也可以提给荀子以后（特别是秦汉）的儒者。因此梳理这一问题，可以说是我们对先秦儒家道德哲学研究的结点所在：儒家的道德哲学到底在多大程度上可以包容法家思想？而其限度又在哪里？

荀子的"礼学"

荀子在建构他的外王学时，非常重视当时勃然兴起的法家一派的思想，尤其是借鉴了法家对制度化和成文化的重视，因此他有所谓"礼法"的说法，而有学者乃据此认为他是儒家的异端。其实，荀子不过是更加关注政治制度制定和治理的有效性，从而显得和孔子似有不同，更与孟子的思想有较远距离。但我们若仔细审视他的外王思想就会发现，他所论述的治国之道仍在儒学的正宗范围内。

前一章我们讲过，无论是孔子、孟子还是荀子，在政治问题上都是"改良派"，而不是法家那样彻底的"革新派"。故而荀子认为，治国之道仍要以周朝的方法为基础，然后再加以适当的改良。而周朝治国的根基在于礼，故而荀子的外王思想也以礼为核心。不过为了适应改变的形势，他在礼中又加入了一些法的因素，即将礼成文化、制度化。①

从这个基本认识出发，我们再来审视荀子所认可的治国之道的核心——"隆礼"。在荀子看来，做任何事情都要以礼为依据，否则就无法完成。"人无礼，则不生；事无礼，则不成；国家无礼，则不宁。"（《荀子·修身》）小到做人，大到治国，没有礼都是不成的。这一点，在待人接物方面容易理解，因为"食饮、衣服、居处、动静，由礼则和节，不由礼则触陷生疾；容貌、态度、进退、趋行，由礼则雅，不由礼则夷固僻违、庸众而野"（《荀子·修身》）。然而，为什么治国也一定要重视礼呢？这和荀子对礼之起源的认识有莫大关系。

礼起于何也？曰：人生而有欲，欲而不得，则不能无求；求而无度量分界，则不能不争；争则乱，乱则穷。先王恶其乱也，故制礼义以分之，以养人之欲，给人之求，使欲必不穷乎物，物必不屈于欲，两者相持而长，是礼之所起也。（《荀

---

① 王邦雄在论述韩非子之法的要义时指出，法的要义有"标准型与规范性""普遍性与客观性""成为成文法之恒常不变性"等，其实这是法家整体所论述之法的要义。显然，这些要义也是荀子在构建其礼学时所着力吸取和借鉴的。参见王邦雄：《韩非子的哲学》，台北东大图书公司1983年版，第153页。

子·礼论》）

在荀子看来，礼的产生是必然的，因为它是因着人本性的需要而产生的。人一生下来就有欲望，欲望得不到满足，就会去尽力追求；而这种追求如果没有界限，就会产生纷争；纷争便会导致混乱，混乱就会使情况进一步恶化。所以古代圣王看到这种情形，便制定了礼义来改变它。故而荀子认为，礼就是为了治群而产生的，即要通过礼来将人群进行差异性的分类，各因其类地予以对待，从而可以对有限的资源进行合理的分配，这样国家就不致陷入贫穷，民众也就不会陷于争斗。可以发现，荀子是从一种普遍人性的角度来论述礼的产生，以及礼对治国的重要性的。而礼的核心，是一种理性的精神和节制的态度；现实中的礼（或礼法），便是将这种精神和态度落实在具体的成文制度上。这就是荀子之礼的真实含义。①

---

① 陈来认为，荀子的"礼义""礼法"是"新的社会的规范体系和制度体系，荀子力求从儒家的角度来规范它们、阐明它们、安排它们，以建立儒家所接受的秩序"，因而"荀子所说的礼法是新的官僚制国家制度"。（参见陈来：《孔子·孟子·荀子——先秦儒学讲稿》，生活·读书·新知三联书店2017年版，第213页）此说阐明了荀子特别看重规范体系和制度体系，但考虑到荀子本身对"法后王"的理解其实是对周制的认可，则更大的可能是荀子希望对周制进行新的规范化和制度化改良，而并非对当时战国新制度的肯定。

礼作为一种成文化的制度，当然需要执行者，或者说将之教化予民众者，这就是"师傅"。荀子认为，要治理好国家一定要尊重老师。"国将兴，必贵师而重傅，贵师而重傅则法度存。国将衰，必贱师而轻傅，贱师而轻傅则人有快，人有快则法度坏。"（《荀子·大略》）在荀子看来，老师是一种和统治者不同的治理系统。统治者虽然掌握着政治权力，但真正了解治国之道、传承着先圣遗训的是学者、是老师。荀子还论述道，老师才是能和古圣先王真正沟通的人，才是真正对礼有了解的执行者。"礼者，所以正身也；师者，所以正礼也。无礼何以正身？无师吾安知礼之为是也？"（《荀子·修身》）因此，老师代表着政治治理的根本系统，即"本统"。统治者虽代表了现实中的最高权力，却并不表示他们的心就和先王们相通，所以他们并不理解治国之道——礼。因此要想治理好国家，统治者必须尊重老师，向老师学习，以求了解先王之道，并按照大道"本统"治理国家。

分析荀子这个说法可以发现，他有将道统和政统分开的倾向，也就是在现实政治之上确立了一个超越现实统治权力的政治系统，而那个系统掌握在"师傅"或者说以孔子为代表的儒者手中。所以统治者和儒者是一个对待的关系，统治者只有尊重儒者，才可以治理好国家。这是荀子限制王权的一个方法，也是为儒者确立自身地位的一个构想。不过，现实政治力量的强大决定了它不可能按照荀子构建的这一套思想逻辑发展下去。而且更加无奈的是，荀子自身也表现出了强烈的纠结，他自己也很难彻底贯彻这一原则：因为时势的剧烈变化，荀子迫切期待圣人居于王位这种情况出现。正是这种期待导致他最后产生了圣王合一的思想倾向。当然，荀子的圣王合一仍是理想上的合一，而非法家的现实上的合一。但不管怎样，这种倾向很容易被后来者所歪曲，并和法家的思想扭结在一切，从而成了为现实的圣王合一进行背书的思想资源。其结果便是将儒者的独立价值与作用贬低，而抬高皇帝与官吏，这样就难以产生可以和统治者对峙的力量了。

在这里，我们有必要重新考虑荀子对君主的认识。我在前面曾指出，荀子是始终坚持儒家"民为邦本"的政治传统的。他引用舟水之喻，指出作为"舟"的统治者，一定要善待"水"，即满足百姓的各类需求：低到基本的生存需求，高到自身的充分发展。故而统治者要做到"隆礼敬士""尚贤使能"，如此百姓才会心满意足，统治者这个"舟"也就可以在平稳的"水"上安宁地生存了。可见，荀子的君主观是一种基于儒家民本思想的君主观，这和法家的君主观是不同的。

既然如此，荀子又是怎样滑落到圣王合一的呢？荀子认为："圣也者，尽伦者也；王也者，尽制者也。"（《荀子·解蔽》）荀子心目中的理想人格是圣王，即道德上的至善者和政治上的最高者。在先秦儒者的心目中，圣王是一个普遍的理想。众所周知，在中国的上古时期，是君师合一的，这是作为模板的圣王合一，以尧、舜、禹、汤、文、武、周公为代表；而自从孔子开始，圣与王分道扬镳，上古的圣王合一只能成为一种值得追溯的理想政治的典范。这一点，被孔门后学和孟子、荀子所共同接受。但如前所述，荀子却向后滑落了一步，又走回了圣王合一，这集中体现在荀子的"兼"论。荀子对"兼"多有论述，如"兼物物""兼制人""兼术""兼听""兼率之"等。按照佐藤将之的分析，"兼"字的特色有"总揽"性、"帝王之术"和"天下之君王"三层意涵，所以它是"由治理天下的帝王所具有或实践之统治术"。①即圣王合一的统治者兼具道德和政治上的至善性与至高性。那么，他又是因为什么而具有了这种至善性与至高性呢？

　　这其中的根本原因，在于荀子对"王者尽制"的理解，即上一章提到的"制名"。在荀子以前的众多儒者看来，王者也只能对名采取"正名"的态度，即纠正名实关系。这里虽然也有较强的命名与赋义的含义，但一方面"正名"的名主要集中

---

① 参见佐藤将之：《荀子礼治思想的渊源与战国诸子之研究》，台北台大出版中心2013年版，第51—57页。

在人事范畴，尤其是"名分"上，而没有兼及物的世界；另一方面，"正名"还是偏弱的，而不像荀子的"制名"这样具有强制性。所以，正如曹峰指出的："（荀子）清醒地看到'名'的随意性、暧昧性，定义之多样性、不确定性给政治带来的危害。这点与孔子的'正名'有一致之处，但孔子仅仅是提出了问题的严重性而已，解决的方法确实'于其言无所苟而已'，即依赖道德的自律。……荀子所说的'正名'并不一定在逻辑上'名''实'一致，它可以通过政治权力使'名'和'实'配合起来，这就是所谓的'制名以指实'。"[1]而且，荀子的"名"显然比孔子的"名"范围要广得多，他的"名"将人的世界和物的世界都包含在其中。所以荀子实际上是通过"制名"来将整个世界，尤其是政治制度进行一种改革：确定世界中每个个体的职责，确立个人道德与政治生活的义务与原则，明确政治制度和礼法的准则。但是，这种"制名"的观念，事实上给了王者过强的权力，也由此使得礼制产生了走向僵化的可能。

而这样一种对王者的认识，其实也与荀子对天人关系的理解有关。如前文所述，荀子认为天的运行是一个纯粹自然的过

---

① 曹峰：《中国古代"名"的政治思想研究》，上海古籍出版社2017年版，第126—127页。

程，其中既没有道德规则，也没有主宰意志，所以天与人是两种秩序。因此天、人不同，天有天的职责，人有人的能力。具体到人本身来说，自然为我们赋予了感觉之"天官"和心灵之"天君"，我们积极运用自然赋予我们的这些能力去认识自然界，即"知天"，进而治理万事万物，就实现了人的能力，达到了天人相参。从这个角度上讲，王者是在最大程度上实现了"天人合一"的，因为他既是圣又是王。所以，荀子事实上把人的理性认识与实践能力推到了一个极高的地位，但也正是在这种过度的自信中，荀子把至高无上的智慧拥有者当成了政治合理性和统治合法性的源泉，并认为天下的治理者当是无所不能的，这就是圣王合一。王者因其智慧最高，故而享有"制名"的权力，更可以制礼作乐而为天下制定礼法。显然在荀子这里，圣王合一后的王者是一个绝对至上者，而没有可以与之匹敌的力量。因此说，荀子思想出现问题的根源在很大程度上是一种"理性的自负"，而并不是性恶论等问题。①

　　总之，荀子的礼学是他在战国末期试图吸取法家因素来重

---

① 如徐复观便认为，荀子思想中所蕴含的通向独裁政治的因素是性恶论。参见徐复观：《荀子政治思想的解析》，载《儒家政治思想与民主自由人权》，台北学生书局2013年版。

新建构儒家礼学的一种努力与结果，因此其礼学的特质是特别重视礼的成文化、制度化，以求更好地实现礼对人们普遍而有效的规范。但因为他在建构自身的礼学时受到时势的影响，所以又把礼乐的制定权交给了合一的圣王，这就难免会出现后人对他礼学的扭曲与利用。

法家的"法学"

法家是战国时期非常复杂的一个思想流派，它上溯于管子，经由李悝、商鞅而在战国政治中崭露头角，其后申不害、慎到完善了相关理论，至韩非子而集其大成。它是一个并没有明确流派传承却吸引着众多思想家共同分享和建构的思想流派，其中最大的原因，就在于现实政治的需求和战国发展的趋势。本书讨论法家，以韩非子的文本为本，因为他一方面综合了此前商鞅、申不害、慎到的法、术、势，建立了将三者融合为一的法家思想；另一方面他将这套统治术和时代相结合，最终通过李斯等影响到秦始皇，使得法家思想从此在明暗交错中影响了中国政治数千年。

近代以来，学界对韩非子及法家研究颇多，主流的认识是他们的思想强调专制集权，而且手段过于阴暗惨毒，因此它事实上被历代统治者暗地里接受而成为他们的统治术，这也成为中国社会的负面之一。[1]对法家的这种批评，应当说在很大程度上是正确的，也是我们在今日仍需警醒的：决不能把法家那一套统治术再应用到现实政治中。但法家作为在战国时期主导时代潮流的思想流派，其理论中也有需要我们进行思考和研究的部分，尤其是要解决法家和荀子的关系问题，就必须明确法家的法到底是什么。

法家是政治上的激进革新派，其理论的要点是：旧有的周朝封建礼制的统治方法已经不适合新的政治形势了，所以要用君主集权的法治来统治社会。而之所以得出这一结论，就在于他们对时代变化的态度以及对时代的分析。韩非子认为："圣人不期修古，不法常可，论世之事，因为之备。"（《韩非子·五蠹》）统治国家是没有常规惯例的，要治理好国家，必须以当前的形势为出发点，研究当前的问题，探讨解决的办法，并以此施行，才会成功。如果非要用以前的方法来对治当代的问题，这就是"守株待兔"。韩非子的这一认识是正确的，因为任何时代的政治措施都是受其时代情况的限制，情况

---

① 当然，近代以来也一直不乏为韩非子和法家翻案者，甚至有认为法家之学是可以实现中国再次富强的道路。参见周炽成：《荀·韩：人性论与社会历史哲学》，中山大学出版社2009年版，第172—178页。

不同了，政治措施当然要不同。所以只有不断进行改良，才能应对变化的新形势。但是，韩非子也有他的问题，政治措施确实是要不断变化和改革的，但是政治的基本原则、政治之所以成立的根本原因却不是能轻易改变的，也就是儒家所提出的"民为邦本"这一政治根本原则。韩非子在这一点上不能勘透，因此导致他的法家理论最终变成了一套残酷的统治术。

韩非子既然认为制定政策要从分析实际开始，那么他对当时的情况是怎样认识的呢？他认为，"上古竞于道德，中世逐于智谋，当今争于气力"（《韩非子·五蠹》）。战国末年是一个谁力量大，谁就能获得胜利、取得天下统治权的时代。基于这个分析，韩非子提出了经济上要发展农业、打击商业，政治上要严刑酷法、以法为治，文化上要统一言论、罢黜私学，军事上要奖励军功、杜绝私斗。这样，一整套的法家政策就被推演了出来，而事实上，秦始皇就是按照这一套方法去做的，并最终统一六国、建立了秦朝。从效果上说，韩非子的理论无疑是成功的，他对战国末期形势的分析是正确的，提出的措施也是有效的。但无奈的是，他并没有真正把自己"论世之事，因为之备"的思想坚持下来，或者说他没来得及看到秦朝依照法家思想最终统一天下后会面临的新情况，从而进行新的分析，提出新的政治措施。于是，本来只适用于战国末期、只能用来结束混乱的法家思想，被秦朝统治者继续沿用到统一六国之后，并保持不变，这就使得其统治变成了暴政，而秦朝距离被人民推翻也就不远了。

韩非子之所以会形成这样一套对历史和现实的认识，和他对人性的理解紧密相关。韩非子在性恶论上和荀子是相同的，但是在性恶的基础上如何实现良好治理，则观点迥异。韩非子认为，人的本性是自私自利的，期望建立一个人人为善的社会是根本不可能的，只能建立一个保证人人都不做恶的社会，即"夫圣人之治国，不恃人之为吾善也，而用其不得为非也"（《韩非子·显学》）。因为，"恃人之为吾善也，境内不什数；用人不得为非，一国可使齐。为治者用众而舍寡，故不务德而务法"（《韩非子·显学》）。从某种意义上说，韩非子的这个见解有些道理，毕竟人的欲望极多，难免产生作奸犯科的想法，而很多时候光凭软的道德确实很难克制，这就需要硬的法令来使人们顾虑一下作恶的后果，从而压制自己的恶念不去作恶。因此，法令是必要的，这毫无疑问。但韩非子的问题在于，他把这种必要性"推"到了绝对性、唯一性的高度。因为仅仅凭借法令就想治理好国家是不可能的。而且，韩非子的法令并不是我们现代意义的法律，它背后蕴含着极强的不平等性和不公正性，这需要放到韩非子整体的法学思想中来看。①

　　韩非子的法学中不仅有法，还有术、势，因此，韩非子的政治思想其实是在建构一套统治者的统治术。他其实也知道，光凭着法令并不能真正治理天下，因为那只是针对一般平民的，而对能玩弄权术的臣子们来说，并不怎么管用。所以他认为，统治者也要有对付臣子的一套办法，这就是术。"术者，因任而授官，循名而责实，操生杀之柄，课群臣之能者也，此人主之所执也。"（《韩非子·定法》）术的核心是"循名而责实"，这对管理官员来说确有效果。而韩非子统治术的另一大关键点，就是君主牢牢掌握自己的高位——"势"。君主凭借自己至高无上的地位，就可以自由地运用刑、德二柄。"明主之所道制其臣者，二柄而已矣。二柄者，刑德也。"（《韩非子·二柄》）韩非子提出的这种统治方法，利用了他所理解的人类趋利避害的本性。因为臣子们都是畏惧诛罚而喜欢赏赐的，所以他们当然要听君主的话，悉心为君主服务。故而韩非

---

①　如果不是从韩非子的整体思路来看，其所论之法确实是"具备权威性、普遍性及客观性的"（参见郑良树：《韩非之著述及其思想》，台北学生书局1993年版，第475—476页）。但一旦将他的法放入其整个思想体系中，则会发现这个法不过是构建一套"密不透风的治国手段"中的一个方面，它的权威性、普遍性和客观性只是针对臣民的，而对统治者本身并不有效。

子强调，君主一定要把赏罚的权力牢牢掌控在自己的手里，不然就会被权臣利用，自己反被他们所制。可以想见，韩非子这是针对春秋战国时"陪臣执国命"的现实而言的。他要求君主重新夺回属于自己的赏罚之权，用君主的权威来进行专制统治，进而富国强兵。

尽管韩非子是出于现实的强国考虑而建构其法学理论的，但是他这套理论一经成立，就把现实政治的阴暗面完全释放了出来，而为未来的统治者提供了一套阴险的统治术。在此后的中国历史中，众多君主运用赏、罚二柄来和臣子们博弈，臣子们也不得不臣服于君主。而儒家所提倡的民本思想、士大夫的独立精神，则始终不能得到顺畅发展，也就无法从根本上限制君主的专制权力。其实，以赏罚来对待为官者并无问题，但关键要看是谁来对他们进行赏罚、谁拥有这个权力。这个权力如果是在专制统治者手中的话，那么赏罚就是统治术，只会令臣子变成君主的奴仆，国家就会缺乏改良的动力和发展的可能，因为一切都以君主的好恶为标准，而不再以国家、社会的公利为标准。而如果这个权力掌握到民众的手中，并得到司法监督的话，那么赏罚就是有效且正当的，是能使官僚体系有效率、有作为的合理手段，是会促进国家、社会发展的。

由此，可以发现韩非子的法学根本上并不是从百姓角度考虑的，而是为君国一体的君主考虑的。[①]韩非子的"明主之国，无书简之文，以法为教；无先王之语，以吏为师"（《韩非子·五蠹》），将法家政治主张的底细和盘托出。即在法家的政治治理体系中，都是对老百姓进行强制性的管理和要求。统治者只是为老百姓规定了可以干什么、不可以干什么，然后拿着这套法令驱策老百姓为所谓的国富兵强而努力，但到头来，一切好处都归君主一人享受。可见，法家的法治思路只是要让人们按照干枯的法令办事，听命于官吏的指挥，结果就是人成了统治者实现野心与欲望的工具，人们只能过着没有自由的悲惨生活。这是与"民为邦本"的儒家价值和"以人为本"的现代价值相背离的，而其根本原因，就在于法家的思考并不是为了普遍性的人的，具有极大特殊性和时代性的限制。

重评荀子与法家关系

对于荀子来说，他认可秦政的简单有效和秦国的强大，但

---

① 李存山指出，"法家的'任法'是与主张君主集权内在地结合在一起的。……法令的绝对权威有赖于君主的绝对权力"。参见李存山：《中国传统哲学纲要》，中国社会科学出版社2008年版，第219—221页。

他一方面指出秦政必亡，另一方面认为真正的治道当是儒家的"本统"之治，所以他对法家有明确的距离感。但是时势的要求使得他也不得不承认，秦政中有有效性的因素，不能简单地置之不理，所以他从法家那里发现了法的重要性和君主的现实意义，从而体现了一定程度上对法家的亲和。不过他的法始终不是秦政的法，而是礼法，即以法的成文化、制度化来改造礼，以构造出一种新的礼学，而不是法家之学。因此，荀子仍然保持着儒家的基本价值，而不能以"儒法"称呼他，至多可以称之为"法儒"（赵法生认为，荀子的政制设计、礼学系统和天人关系与孔孟传统差异巨大，所以他是"儒法"而非"法儒"[①]），即他不是儒家化的法家，而是带有一定法家因素的儒家。故而，还是应当评价荀子："生平持论，虽不与孔孟尽同，然其欲以礼义之言易强暴诡诈之术，则强聒不舍，始终如一，实不愧为儒家之后劲。"[②]因为评论一位思想家的学派归属，应当由其思想本身出发而不能由其思想的可能后果出发，否则，老子也可以是法家，而泰州学派就是佛家了。另外，对君主的重视与推崇，的确是荀子在儒家中予以真正确立的，而

---

① 赵法生：《荀子的政制设计与学派归属》，载《哲学研究》2016年第5期。
② 萧公权：《中国政治思想史》，新星出版社2005年版，第58页。

这种推重也的确为中国历史上的尊君提供了思想资源。但需要注意的是，荀子之所以如此，是希望实现政治的有效改变：使思想可以真正推动政治，令"亿万之众而抟若一人"（《荀子·儒效》）。在战国晚期的情势下，舍秦之统一一路，恐怕也无法找出别的选择，因此不必过分强调荀子在这方面的问题，否则便有要求前人为后人负一切责任的嫌疑。更何况，如果稍加审视法家对儒家尤其是后期法家对荀子的态度，便可推出荀子仍然应被肯定为儒家，而不能被定位为法家。

到这里，我们有必要厘清法家思想的特征。法家的法、术、势合一具体呈现为：首先，以成文化、制度化的法令为臣民确立行为规范准则，而君主并不在这一准则体系中；其次，以势为权力之源泉，确立君主的至高无上和绝对权威；最后，以术为统治方法来对待臣民，行赏罚、勘高下、退奸佞、贬重臣，确保君主权力的真正执行和不被遮蔽。在这里，事实上有一个根本矛盾是法家没有意识到的：一方面，他们认为依靠法，庸主就可以实现优良政治；另一方面，他们认为君主必须掌握术才能驾驭群臣，由此君主就不能是庸主。这样一对矛盾，很快便在秦政中爆发出来，就是秦二世与赵高的矛盾现象，即庸主无法实现法家之政，而权臣反过来会辖制君主。这样，法家设计的万世之良政，实际上仍旧依赖于明君在位。所以无论是儒家还是法家，在先秦那个时代，都不可能走出君主制的窠臼，这是时代的限制，也是一种思想上的真实的无可奈何，而非某家的刻意为之。因而我们在数千年后评价前人，不应发过分要求之辞。

我们经由与法家法、术、势的观点进行比较，可以更清楚地了解到荀子与他们的差异。在荀子的论述中，君主也要遵行礼，并不处在礼之外；君主权力的源泉并不是势，而是知本统、明大道，也就是荀子要求君主必须是有德而知礼的明君，而不能是庸主、暴君；最后，荀子并不以术为统治方法，而以儒家的礼治和德治为教化之方。综上所述，可知不能将荀子定位为法家，而只可定位为具有法家因素的儒家。事实上，真正将儒家法家化的是汉初诸儒，其代表是叔孙通。一方面，他们继承荀子的思路，将儒家的礼治制度化为汉家的礼制与威仪，却忘了儒家尤其是荀子追求的是礼治而不仅仅是礼制；另一方面，他们也放弃了对君主进行教化而使君主成为明君的权利，一味顺承汉高祖的统治术而不知道以德治来纠正之。于是，渐渐滋生出政治化的儒家，而以转化政治为追求的儒家日渐其少[1]。

在中国哲学发展史上，对荀子与法家的关系历来多有评论。如韩愈认为荀子"大醇而小疵"：虽然荀子的一些论述有

---

[1]　杜维明：《儒家精神取向的当代价值——20世纪访谈》，北京大学出版社2016年版，第5—6页。

瑕疵，但整体来看，他的论说旨归并没有不符合孔子的，也就是说，荀子仍能持守儒家之本，所以仍是大儒。这一看法，是两宋以前具有代表性的看法。而在宋代以后则大变。如苏轼即认为荀子好发过激的言论，且这些言论在李斯那里被落实为过激的行动和制度，也就是秦政。显然，苏轼认为荀子更靠近法家，而远离儒家。到程朱那里，则言"荀卿才高，其过多"（《二程遗书·第十八卷》），荀子是个"刚明底人""只是粗"（《朱子语类·第一百三十七卷》），因其粗，故不能说他是"大醇"，这也是将荀子贬低了许多。甚至，朱子在一些言论中认为"荀卿则全是申韩，观《成相》一篇可见"（《朱子语类·第一百三十七卷》）。在朱子看来，荀子因为看到当时全是庸主、暗主，所以想要教诲他们，却最终归于法治和刑罚，因此虽然荀子之学是有"实"、有"好"的，但毕竟根本已失，然而"当时未有明道之士，被他说用于世千余年"（《朱子语类·第一百三十七卷》），荀子之误一直未被人们勘破，韩愈便是其中之一。朱子的这番批评，成为后世批评荀子的典范。细究朱子之意，荀子的问题主要有三：一是不知人性之根本；二是不知德治而任法治；三是其学粗而不精。第一点是因为荀子和孟子的出发点不同导致；第二点则是朱子未能清楚荀子思想之根本在礼治，而非法治；第三点确实道出荀子的问题所在。我们知道，荀子的思想集中体现在《荀子》一书中。但《荀子》一书与《论语》《孟子》不同，它并不是荀子或其弟子编纂而成的，而是刘向校理群书的时候删削、编订而成。在先秦末期至秦朝时，荀学一派的文献非常丰富，所以刘向在编书时做了很多工作。但尽管如此，我们仍可以在现在的《荀子》一书中发现很多内容重复和分类不当的地方，而且荀子自作和荀门后学所作也混淆不清，这就使《荀子》虽然看上去非常宏富，但其实颇有杂驳和不系统之病，也就是所谓"粗"。正因如此，历史上一直欠缺对荀子进行系统化的整理，在这种情况下，对荀子的理解不能以简单化的方式进行，而需要更加丰富的考据和更全面的反思。因而，我们今日重思荀子与法家的关系，应当摆脱旧有成见和外在化的影响，重回哲学思想本身，来探讨两家思想的亲和与距离。

由上所述可知，荀子的礼学和法家的法学差异巨大，我们必须清晰分辨两者的差异。而两者最根本的差异是荀子的政制设计和外王思想，因为是从普遍性的人出发的，即基于他的普遍人性论的道德哲学而产生的，所以他对政治与社会有更全面的思考，因此荀子的礼学也有着更丰富的内涵。其中最重要的是荀子重视通过学而进行人的养成，这是以韩非子为代表的法家不会考虑的。

荀子重视学，认为学习是人修养的基本方法，是人成就君子人格的工夫修养阶梯。荀子认为，通过学习儒家的经典，我们可以明白先王的治世之道，从而对现实提供借鉴和指导，并最终通向礼的实现。荀子之所以重视学，在于他认为人能够通过学习改变自己的本性。如前所述，荀子和韩非子共享着近似的人性论，即人性是趋利避害的。但是，荀子认为人性中其实也具有可以改变自身的东西。人类不仅是阴阳气化后的产物，他们还在理性认知能力外，更具有伦理道德感和礼仪制度的生活方式，所以他们在等级上要高过水火、草木、禽兽。由这种认识出发，荀子认为人必须时刻注意自己的动物本性，必须时刻用清醒的认识来让自己想明白到底应当怎么做，必须用符合人之特征的礼的标准来要求自己。

正因为荀子是一个重视理性认知与实践的学者，所以他对先秦诸子百家的学说都有所了解，也都有所批评。其批评的出发点，是认为诸子学说都只是关于大道的一个方面的认识，但他们却被自己所认识的这一点蒙蔽住，于是以偏概全，做出了对大道的错误判断。此即"凡人之患，蔽于一曲，而暗于大理"（《荀子·解蔽》）。而要解决这一点，就应通过"虚壹而静，谓之大清明"来实现"解蔽"。做到了"虚壹而静"、达到"大清明"的境界后，我们心灵的认识和理解能力就能被完全发挥出来，不再被任何不良因素所干扰，因而能完全透彻而无所偏蔽。这样，我们就可以"坐于室而见四海，处于今而论久远，疏观万物而知其情，参稽治乱而通其度，经纬天地而材官万物，制割大理而宇宙理矣"（《荀子·解蔽》）。正是在这个意义上，荀子提出"涂之人也，皆有可以知仁、义、法、正之质，皆有可以能仁、义、法、正之具，然则其可以为禹，明矣"（《荀子·性恶》）。这一点是法家不可能认识到也绝不可能提出的。因此可以说，荀子和法家最大的差别是：荀子的礼学是为了普遍的人而提出的，法家则仅仅是为了统治者，并且是为了应对战国末期的形势而提出的。当然如前所述，荀子的礼学因为对优良治理的迫切要求最后滑向了现实的圣王合一，这就产生了普遍性的礼学坠落为特殊性的法学的可能性，而这种可能性则被后世的帝王和政治化的儒家牢牢把握，遂使得荀子的失误成了某种程度的主流。①

　　总之，儒家尤其是荀子与法家的关系是看起来复杂，而实际上清楚的：战国后期儒家吸收了法家对成文化、制度化的重视，认识到在政治治理中的礼治也需要将礼成文化、制度化，否则其现实治理效果将大打折扣。这就使得此时的儒家染上了一定的法家色彩。但是需要指出的是，这种成文化、制度化的

① 如汉代叔孙通、公孙弘的工作，即"政治化的儒家"对儒学的改造，尤其是对荀子礼学的改造。其成果当然有使儒学成为主流意识形态的方面，但更有使儒学的本原思想与价值被遮蔽的方面。参见杜维明：《道·学·政：论儒家知识分子》，上海人民出版社2000年版，第22—23页。

礼是以人的道德修养与道德养成为基础的，不论是孟子式还是荀子式的礼，都是对人有益且成就人的。换句话说，礼是为了人本身的，是为了仁的，因此它是道德性的。这一点使得荀子等礼学派的儒家和法家有了清晰的区分。由此我们可以说，儒家的道德哲学是儒家政治哲学、社会治理理论的根基，丧失了道德根基或道德追求，而一味急功近利地追求外在成果与功绩，必然是儒家所反对的。

参考文献

卜松山：《与中国作跨文化对话》，刘慧儒等译，中华书局，2003年。

蔡仁厚：《孔孟荀哲学》，台北学生书局，1985年。

蔡仁厚：《孔子的生命境界》，吉林出版集团有限责任公司，2010年。

蔡元培：《中国伦理学史》，商务印书馆，2009年。

曹峰：《中国古代"名"的政治思想研究》，上海古籍出版社，2017年。

陈大齐：《陈百年先生文集》（第一辑：孔孟荀学说），台北商务印书馆，1988年。

陈鼓应：《黄帝四经今注今译》，商务印书馆，2016年。

陈来：《古代思想文化的世界》，生活·读书·新知三联书店，2002年。

陈来：《古代宗教与伦理——儒家思想的根源》，生活·读书·新知三联书店，2017年。

陈来：《孔子·孟子·荀子——先秦儒学讲稿》，生活·读书·新知三联书店，2017年。

陈澧：《东塾读书记》，生活·读书·新知三联书店，1998年。

陈满铭：《中庸思想研究》，台北文津出版社，1981年。

崔大华：《儒学引论》，人民出版社，2001年。

董洪利：《孟子研究》，江苏古籍出版社，1997年。

杜维明：《儒家精神取向的当代价值——20世纪访谈》，北京大学出版社，2016年。

杜维明：《道·学·政——论儒家知识分子》，上海人民出版社，2000年。

杜维明：《杜维明文集》（第三卷），武汉出版社，2002年。

杜维明：《中庸洞见》，人民出版社，2008年。

芬格莱特：《孔子——即凡而圣》，彭国翔、张华译，江苏人民出版社，2002年。

冯友兰：《贞元六书》，华东师范大学出版社，1996年。

冯友兰：《中国哲学史》，华东师范大学出版社，2000年。

傅亚庶：《孔丛子校释》，中华书局，2011年。

高亨：《诗经今注》，清华大学出版社，2010年。

高明：《礼学新探》，台北学生书局，1985年。

高专诚：《孔子、孔子弟子》，山西人民出版社，1989年。

葛瑞汉：《论道者——中国古代哲学论辩》，张海晏译，中国社会科学出版社，2003年。

郭沫若：《十批判书》，东方出版社，1996年。

郭齐勇：《〈儒家伦理新批判〉之批判》，武汉大学出版社，2001年。

郭齐勇：《中国儒学之精神》，复旦大学出版社，2009年。

郭象：《南华真经注疏》，中华书局，1998年。

郭沂：《郭店竹简与先秦学术思想》，上海教育出版社，2001年。

郝大维、安乐哲：《通过孔子而思》，何金俐译，北京大学出版社，2005年。

何建章：《战国策注释》，中华书局，1990年。

侯外庐等：《中国思想通史》（第一卷），人民出版社，1957年。

胡平生：《孝经译注》，中华书局，1996年。

黄怀信：《逸周书校补注译》，三秦出版社，2006年。

黄俊杰：《孟学诠释史论》，社会科学文献出版社，2004年。

黄寿祺、张善文：《周易译注》，上海古籍出版社，2004年。

蒋礼鸿：《商君书锥指》，中华书局，1986年。

焦循：《孟子正义》，中华书局，1987年。

孔德立：《早期儒家人道思想的形成与演变》，巴蜀书社，2010年。

劳思光：《新编中国哲学史》（第一卷），广西师范大学出版社，2005年。

黎翔凤：《管子校注》，中华书局，2004年。

李存山：《中国气论探源与发微》，中国社会科学出版社，1990年。

李存山：《老子》，中州古籍出版社，2008年。

李存山：《中国传统哲学纲要》，中国社会科学出版社，2008年。

李存山：《气论与仁学》，中州古籍出版社，2009年。

李景林：《教化的哲学——儒学思想的一种新诠释》，黑龙江人民出版社，2006年。

李零：《郭店楚简校读记》，中国人民大学出版社，2007年。

李零：《上博楚简三篇校读记》，中国人民大学出版社，2007年。

李明辉：《孟子重探》，台北联经出版事业股份有限公司，2001年。

李源澄：《李源澄儒学论集》，四川大学出版社，2010年。

李泽厚：《中国古代思想史论》，生活·读书·新知三联书店，2008年。

梁家荣：《仁礼之辨——孔子之道的再释与重估》，北京大学出版社，2010年。

梁启超：《先秦政治思想史》，天津古籍出版社，2004年。

梁启超：《论中国学术思想变迁之大势》，上海古籍出版社，2006年。

梁启超：《儒家哲学》，上海人民出版社，2009年。

梁漱溟：《人心与人生》，学林出版社，1984年。

梁漱溟：《〈礼记大学篇〉伍严两家解说》，巴蜀书社，1988年。

梁涛：《郭店竹简与思孟学派》，中国人民大学出版社，2008年。

刘翔：《中国传统价值观诠释学》，华东师范大学出版社，2010年。

罗尔斯：《道德哲学史讲义》，顾肃、刘雪梅译，中国社会科学出版社，2012年。

罗哲海：《轴心时期的儒家伦理》，陈咏明、瞿德瑜译，大象出版社，2009年。

吕思勉：《先秦学术概论》，云南人民出版社，2005年。

马积高：《荀学源流》，上海古籍出版社，2000年。

麦金太尔：《追求美德》，宋继杰译，译林出版社，2003年。

麦金太尔：《依赖性的理性动物》，刘玮译，译林出版社，2013年。

蒙培元：《情感与理性》，中国人民大学出版社，2009年。

蒙文通：《儒学五论》，广西师范大学出版社，2007年。

牟复礼：《中国思想之渊源》，王重阳译，北京大学出版社，2009年。

牟宗三：《圆善论》，台北联经出版事业股份有限公司，2003年。

牟宗三：《中国哲学十九讲》，上海古籍出版社，2005年。

牟宗三：《中国哲学的特质》，上海古籍出版社，2007年。

倪德卫：《儒家之道——中国哲学之探讨》，周炽成译，江苏人民出版社，2006年。

庞朴：《庞朴文集》，山东大学出版社，2005年。

彭国翔：《儒家传统——宗教与人文之间》，北京大学出版社，2007年。

钱穆：《先秦诸子系年》，商务印书馆，2001年。

钱穆：《四书释义》，九州出版社，2010年。

阮元：《十三经注疏》，台北艺文印书馆，1965年。

桑德尔：《自由主义与正义的局限》，万俊人译，译林出版社，2001年。

史华慈：《古代中国的思想世界》，程钢译，江苏人民出版社，2004年。

司马迁：《史记》，中华书局，1959年。

孙诒让：《墨子闲诂》，中华书局，2001年。

谭嗣同：《谭嗣同全集》，中华书局，1981年。

唐君毅：《中国哲学原论》（导论篇），中国社会科学出版社，2005年。

王邦雄：《韩非子的哲学》，台北东大图书公司，1983年。

王博：《中国儒学史》（先秦卷），北京大学出版社，2011年。

王琯：《公孙龙子悬解》，中华书局，1992年。

王国轩等：《孔子家语》，中华书局，2011年。

王开府：《儒家伦理学析论》，台北学生书局，1987年。

王聘珍：《大戴礼记解诂》，中华书局，1983年。

王先谦：《荀子集解》，中华书局，1988年。

王先慎：《韩非子集解》，中华书局，1998年。

王筠：《说文解字句读》，中华书局，1988年。

王中江：《简帛文明与古代思想世界》，北京大学出版社，2011年。

韦政通：《伦理思想的突破》，中国人民大学出版社，2006年。

萧公权：《中国政治思想史》，新星出版社，2005年。

熊十力：《韩非子评论；与友人论张江陵》，上海书店出版社，2007年。

徐复观：《儒家政治思想与民主自由人权》，台北学生书局，2013年。

徐复观：《中国人性论史》，华东师范大学出版社，2005年。

徐元诰：《国语集解》，中华书局，2002年。

许维遹：《吕氏春秋集释》，中华书局，2009年。

许倬云：《中国文化的发展过程》，贵州人民出版社，2009年。

颜炳罡：《生命的底色》，山东友谊出版社，2005年。

严可均：《全上古三代文；全秦文》，商务印书馆，

1999年。

杨伯峻：《春秋左传注》，中华书局，1990年。

杨国荣：《善的历程》，华东师范大学出版社，2009年。

杨泽波：《孟子性善论研究》，中国人民大学出版社，
1995年。

余敦康：《中国宗教与中国文化》（第二卷），中国社会
科学出版社，2005年。

余英时：《论天人之际——中国古代思想起源试探》，台
北联经出版事业股份有限公司，2014年。

张岱年：《中国哲学大纲》，中国社会科学出版社，
1982年。

张岱年：《中国古典哲学概念范畴要论》，中国社会科学
出版社，1989年。

张岱年：《中国伦理思想研究》，上海人民出版社，
1989年。

张岂之等：《中国儒学思想史》，陕西人民出版社，
1990年。

郑开：《德礼之间——前诸子时期的思想史》，生活·读
书·新知三联书店，2009年。

郑良树：《韩非之著述及其思想》，台北学生书局，
1993年。

周炽成：《荀·韩：人性论与社会历史哲学》，中山大学出版社，2009年。

朱彬：《礼记纂疏》，中华书局，1996年。

朱伯崑：《先秦伦理学概论》，北京大学出版社，1984年。

朱熹等：《宋元人注四书五经》，中国书店，1985年。

佐藤将之：《荀子礼治思想的渊源与战国诸子之研究》，台北台大出版中心，2013年。

后　记

　　本书是我过去几年从事中国先秦儒家哲学研究的主要成果。不过，它在某种意义上是一个居间性、过渡性的工作。我2013年完成《先秦儒家工夫论研究》书稿后，李存山先生指点我未来的研究可以有两条线索：一条是纵向的，按照时间顺序围绕工夫论的主题延伸到汉、唐、宋、明时期；一条是横向的，按照内圣外王的架构继续研究先秦儒家哲学乃至先秦诸子哲学。我便拟定了一个从先秦儒家工夫论到先秦儒家道德哲学，再到先秦诸子道德哲学研究的"三部曲"方案。因此，这本关于先秦儒家道德哲学的研究可以说是笔者所定"三部曲"的居中环节，而关于先秦诸子道德哲学的研究乃是我目前正在进行的国家社会科学基金青年项目的主题。

　　我最初设想是按照先秦儒家道德哲学发展史的脉络来写作本书。这是一种传统的书写方式，现在很多的先秦儒家研究还是按照这种方式进行的。但是我很快发现了两个棘手的问题。

一是虽然这种方式可以把哲学发展的脉络比较清晰地呈现出来，但是这种清晰是牺牲了先秦儒家道德哲学的丰富性、多样性而获得的。也就是说，先秦儒家道德哲学的思想谱系是十分丰富的，我们难以找到可以一以贯之的思想主脉络。因此如果我们采用传统的哲学发展史的方式来进行书写，则在很大程度上是在以自己的思维结构来框限先秦儒家的道德哲学思考。二是我在研究期间有幸得到北京大学高等人文研究院杜维明先生的提点，意识到中国儒家的道德哲学并不仅仅关联于道德，它还关联着宗教的超越问题、身体的理解问题、政治的操作问题以及一系列非常复杂的哲学问题。因此我们若按照传统哲学发展史的方式来呈现先秦儒家的道德思考，必然会进行机械的分割和刻意的划界，这将大大降低研究的广度、深度和厚度。所以经过考量，我决定回到先秦儒家的问题意识本身，即以问题的方法来研究先秦儒家的道德哲学。事实上，先秦儒家也确实是在对不同道德哲学问题进行着不同角度、不同力度、不同方式的回应，因此与其强硬地构建一条思想发展主脉络，不如以问题为线索进行具体化、丰富化、多样化的呈现。

由此，我接下来的工作就是对具体问题的选择和研究。先秦儒家关注的道德问题是非常多的，如果进行极度细致的分解与研究，可能要涉及二三十个甚至更多的问题。不过如果从中提纲撮要，则可以发现有十个问题是先秦儒家道德哲学的基础性问题，而且先秦儒家对其他道德问题的思考都可以从这十个问题中得到推衍与回答。因此，我将研究集中于十个对先秦儒家道德哲学整体系统具有基础性意义的问题：天人之辨、人禽之辨、仁义内外之辨、仁礼之辨、义利之辨、群己之辨、君子小人之辨、义命之辨、王霸之辨以及儒法之辨。关于这十辨的关系，我在"导言"中已经论述，兹不赘言。总之，我认为通过对这十个问题的讨论与澄清，先秦儒家对道德哲学的总体思考和精微面向都可以得到呈现，而且这种呈现相对于哲学发展史的描述更加生动、丰富和贴近于先秦儒家的思考本身。

在本书的修订过程中，新型冠状病毒肺炎正在全世界肆虐，我所居住的小区也曾为了抵抗疫情封闭十天。在这十天中，从最初惊惧、恐慌的强烈心灵冲击，到得到亲人牵挂、朋友帮助、社区慰藉的逐渐平复，我深刻领会到人的生活乃是最复杂的问题，任何试图以某个单一元素来进行分析与主导人生的方式都是极度狭隘的，其结果也必将是镜花水月。除了物质、经济、理性、欲望、自我，我们的生活中还有精神、心灵、情感、道德、他者。而且，我强烈意识到道德观念、道德哲学既关涉每个个体的日常生活，也关涉一民族、一国家、一文明的生存、延续和发展。可以说，先秦儒家道德哲学这些丰富而深刻的思考及其影响，不仅没有随着时间的流转丧失意义，反而不断绵延于我们的生活中，且必将深刻影响中华文明的现实和未来。

王正

2020年9月20日于北京广外